GÜTERSDIE
LOHERVISION
VERLAGSEINER
HAUSNEUENWELT

Norbert Kron

# Ein Zuhause in der Fremde

Was wir in Deutschland von der besten Schule für Einwanderer lernen können

GÜTERSDIE
LOHERVISION
VERLAGSEINER
HAUSNEUENWELT

# INHALT

# EINLEITUNG

## Ein Leuchtturm der Integration

Sie bemalen sich die Gesichter. Tunken die Finger in cremige Farben und streichen sich dicke Linien auf die Wangen. Kriegsbemalungen entstehen, Masken, die an expressionistisches Theater erinnern, Hauttöne, mit denen sie sich ein anderes Gesicht verleihen.

Alex Rimbaris, der griechisch-indischer Abstammung ist, hat sich dunkelblaue Linien über die Backen gezogen, die ihn wie einen Footballspieler aussehen lassen. »Dunkelblau ist fröhlich und traurig zugleich. Das mag ich«, sagt er. Und der hochaufgeschossene Junge neben ihm, der aus dem Südsudan stammt, meint: »Ich male mein Gesicht schwarz-weiß.« Schon nach einem Tag hat sich eine erste Freundschaft zwischen den beiden Schülern herausgebildet. Warum? »Soni ist cool«, lächelt Alex, worauf der Dunkelhäutige – sehr cool – den Kopf schieflegt: »Wir sind die beiden Coolen in der Gruppe. Nur Tanzen muss er noch von mir lernen.«

Die Schüler der Essener UNESCO-Schule sind nach Tel Aviv gereist, um hier ihre neue Partnerschule zu besuchen, die berühmte Bialik-Rogozin-Schule, die als weltweites Vorbild für die Integration[1] von Einwandererkindern gilt. Das interaktive Farbenspiel, das Kunstlehrer Adam Gilboa veranstaltet, baut sofort Brücken. Was man bei den zwanzig Jungen und Mädchen, die aus den unterschiedlichsten Ländern kommen, ohnehin nicht erkennen kann, wird durch die Bemalung der Gesichter zusätzlich akzentuiert: Man kann nicht unterscheiden, wer von der deutschen und wer von der israelischen Schule kommt. Die Schülerinnen und Schüler[2], die ganz ähnliche Lebensschicksale haben, sind wie Geschwister, die sich zum ersten Mal begegnen und auf Anhieb perfekt verstehen.

*Schüler der Bialik-Rogozin- und der UNESCO-Schule haben sich im Kunstunterricht die Gesichter bemalt.*

Rabin Mariano, der philippinische Eltern hat und in Israel geboren wurde, staunt über die deutschen Gäste: »Ich hatte geglaubt, dass sie total ernst sind, nicht so lustig. Aber das Gegenteil ist der Fall. Sie sind wie wir.« Auch Steven Lieu, der als Sohn chinesischer Eltern in Deutschland aufgewachsen ist, ist verblüfft: »Ich war anfangs ganz schön verwirrt, weil sie die ganze Zeit tanzen.« Manuel Muflizović, halb bosnischer, halb deutsch-polnisch-mongolischer Abstammung, nickt: »Die sind sehr nett, sehr offen.« Und Simi Shresta, die mit nepalesischen Wurzeln in Tel Aviv lebt: »Wir sind schon jetzt eine Familie.«

Eine der deutschen Schülerinnen zieht bereits die ersten Vergleiche. Rumeysa Koc hat türkische Eltern, ist in Essen aufgewachsen und wollte unbedingt an der Israel-Reise teilnehmen.

»Wenn man die Schule hier mit unserer Schule vergleicht, ist klar: Da ist viel, viel mehr los. Die Leute sind viel zuvorkommender. Hier sagen die Leute einfach hallo. Da ist auch jeder mit jedem befreundet. Man merkt ihnen an, dass sie hier wie eine Familie sind. Deren Zusammenhalt wirkt viel selbstverständlicher als unser Zusammenhalt. Bei uns herrscht mehr Schulatmosphäre, bei denen wirkt es mehr wie Freizeit. Bei uns dominiert die Bildung mehr, bei denen mehr der Mensch selbst. Aber es ist hier nicht so, dass sie weniger Bildung haben.«

Die junge Frau hat auch schon eine Vorstellung, was man in Deutschland besser machen könnte: »Lernen könnte man, dass Gruppierungen mit einem bestimmten Migrationshintergrund nicht so stark unter sich zusammen sind. Hier sind alle zusammen. Bei uns sieht man das nicht so, da ist jeder mit seiner Gruppe.«

### Willkommen in Tel Aviv

Es ist ein kleines Wunder, was sich an diesem Tag in Israel ereignet: Die Schüler der UNESCO-Schule in Essen sind nach langer, nicht einfacher Planung an ihrer Partnerschule in Tel Aviv eingetroffen, von der sie so viel gehört haben. Genau wie sie haben die Schüler der Bialik-Rogozin-Schule allesamt Fluchtschicksale und Migrationsgeschichten hinter sich, waren vom Tode bedroht oder sind als Kinder von Einwanderern in einem fremden Land auf die Welt gekommen. Es sind Kinder aus Darfur und Jordanien, aus Eritrea und der Ukraine, von den Philippinen und aus vielen anderen Ländern. Sie alle haben großes Glück gehabt. Nicht nur weil sie sich vor Krieg, Verfolgung und Hungersnot in Sicherheit bringen konnten, sondern weil sie hier, an diesem außergewöhnlichen Ort, ein neues Zuhause gefunden haben.

Die Bialik-Rogozin-Schule, die im brodelnden Süden von Tel Aviv liegt, ist ein Leuchtturm, der im aufgewühlten Meer der Migration in die ganze Welt ausstrahlt. Es ist nur ein zehnminütiger Fußweg vom eleganten Rothschild-Boulevard mit seinen Banken und Restaurants hierher, doch das Viertel ist von Armut, Obdachlosigkeit, Drogenhandel und Prostitution geprägt. Es ist ein schwieriges, sich wandelndes Umfeld, das für die Kinder, die hier zur Schule gehen, allerlei Risiken bereithält. Auch wenn der flache 70er-Jahre-Bau zwischen den heruntergekommenen Häusern nicht sonderlich ansehnlich ist, findet sich in seinem Inneren ein wahres Paradies: ein riesiger Spiel- und Bildungsplatz für zugewanderte Kinder von der ersten bis zur zwölften Klassenstufe. 1.300 Schüler aus über fünfzig Nationen kommen hierher, und wer die Schule betritt, will unbedingt hinter das Geheimnis der außergewöhnlichen Atmosphäre kommen, die er sofort empfindet.

Tatsächlich ist der Ruf der Schule mittlerweile um die ganze Welt gegangen. (Ausgesprochen wird ihr Doppelname übrigens so: Biàlik-Rogòsin. Wer Genaueres über die beiden Männer wissen will, die ihre Namensgeber sind, findet alles hierzu im Anhang in einer Fußnote[3].) Die Leitlinien und Methoden, die die Lehrer hier für ihre Schüler entwickelt haben, gelten als unübertroffenes Vorbild für alle, die es mit Kindern aus fremden Ländern gut meinen. Aufsehen erregte schon vor einigen Jahren ein bewegender Dokumentarfilm, der über die Schule gedreht wurde. *Strangers No More* erzählte so eindringlich von der erfolgreichen Aufnahme der Zuwandererkinder, dass er 2011 in Hollywood den Oscar für die beste Kurzfilmdokumentation gewann[4]. In ihm kann man sehen, wie die Schüler auf der Basis einer neuen gemeinsamen Sprache eine Heimat finden und die Traumata, die sie von ihren schwierigen Migrationsgeschichten nach Flucht und Vertreibung mitbringen, überwinden.

Einige Jahre sind seither vergangen, und die Situation hat sich auf der ganzen Welt verschärft. Mit Hunderttausenden von Einwanderungswilligen[5], die aus Krisengebieten kommen, stellt die Flüchtlingsbewegung heute auch die deutsche Gesellschaft vor riesige Herausforderungen. Das betrifft gerade den Zuzug junger Menschen, auf die manche Wirtschaftsexperten ihre Hoffnung bei der Bevölkerungsentwicklung in Deutschland setzen, um der wachsenden Überalterung der Gesellschaft entgegenzuwirken. Doch wie beheimatet man Zuwandererkinder aus ganz anderen Kulturkreisen? Wie können Schulen den Grundstein für eine gelungene Integration legen? Wie schafft man es, dass die jungen Menschen sich mit unseren Werten identifizieren, damit sie die Sozialsysteme erfolgreich stärken und nicht den sozialen Frieden im Land stören?

Israel ist ein sehr gastfreundliches Land, in dem Reisende mit großer Offenheit und Wärme empfangen werden. Die Herzlichkeit der Menschen ist in der jüdischen Kultur verankert. Gleichzeitig ist das politische Umfeld, das nichtjüdische Einwanderer vorfinden, genauso kompliziert wie das in Europa. In dieser Situation hat in den letzten zehn Jahren keine andere Schule so gute Antworten auf die vielfältigen Integrationsfragen gefunden wie die Bialik-Rogozin-Schule in Tel Aviv.

Genau deshalb hat die UNESCO-Schule in Essen eine Schulpartnerschaft mit der Tel Aviver Schule aufgebaut. Auch sie ist eine Ausnahmeschule, eine Schule, die in Deutschland eine Vorreiterrolle auf dem Gebiet der Integration innehat. Trotzdem glauben die Lehrer, dass auch sie noch eine Menge von der Bialik-Rogozin-Schule lernen können.

Zwei der Verantwortlichen, die den Schüleraustausch zwischen beiden Schulen mit auf den Weg gebracht haben, haben sich ebenfalls beim interaktiven Farbenspiel von Kunstlehrer Adam Gilboa beteiligt. Klaus Kirstein von der UNESCO-Schule hat sich für eine gelb-rote Indianerbemalung im Gesicht entschieden und betont die Verwandtschaft der Schüler: »Wenn man in die Augen der Tel Aviver Kinder blickt, sieht man, dass sie sich an ihrer Schule wohlfühlen, dass die Schule ihnen ein Stück Zuhause gibt. Das ist etwas, was uns unsere Schüler auch oft als Rückmeldung geben: dass sie ein Stück Gemeinschaft erleben, auch ein Stück Frieden bei ihrer Vielfalt.« Und sein Gegenüber, Eli Nechama, der mit den blau-beigen Kreisen auf der Wange wie sein israelischer Blutsbruder wirkt, grinst: »Es ist, als ob wir unseren Zwillinggeschwistern begegnet wären. Ich kann überhaupt keinen Unterschied zwischen ›unseren‹ und ›den anderen‹ Schülern spüren.«

Der Mann mit dem kurz rasierten Haar und dem Dreitagebart, der immer ein Lachen im braungebrannten Gesicht trägt, ist der bekannte Schulleiter von Bialik-Rogozin, der mit seiner unerschöpflichen Energie einen unkonventionellen pädagogischen Stil geprägt hat und deshalb zu einem der hundert einflussreichsten Tel Aviver gewählt wurde[6]. Es ist ein Schulstil, von dem nicht nur die UNESCO-Lehrer, sondern auch die Essener Schüler schon Fabelhaftes gehört haben. Eli Nechama ist sich sicher, dass sich die Schulen in diesen aufgewühlten Tagen, in denen viele vor den Flüchtlingsbewegungen kapitulieren, gegenseitig viel zu geben haben: »Wir stehen vor denselben Herausforderungen und können viele Erfahrungen teilen.«

**Ein Geschichtenbuch zur aufgeladenen Debatte**

Um welche Herausforderungen handelt es sich? Welche Erfahrungen haben Schüler und Lehrer auf ihrem Weg gemacht?

Dieses Buch beruht auf intensiven persönlichen Begegnungen und vielen stundenlangen Interviews. Es ist kein theoretisches und kein akademisches Buch, sondern ein Geschichtenbuch, das sich mit dem Erfahrungsschatz der Schüler und Lehrer in eine erhitzte Diskussion einbringen will. Das Buch beruht auf der Überzeugung, dass sich die Fragen, die die aufgeladene Debatte über Migration und Integration beherrschen, nicht abstrakt beantworten lassen, sondern nur indem man Menschen erzählen lässt, die auf besondere Weise in das Thema involviert sind.

Wie viel Einwanderung verkraftet eine Gesellschaft? Bedeutet Integration Assimilation? Müssen Einwanderer die Identität des Landes annehmen oder zeichnet sich eine offene Gesellschaft gerade durch ihr multikulturelles Klima aus? Wie sehr sollen Zuwanderer ihre tradierten Wertvorstellungen bewahren? Wie weit muss die Gesellschaft in die Erziehung, die die zugewanderten Eltern ihren Kindern geben, mit hineinreden?

In Deutschland hat sich die Debatte seit dem »Wir schaffen das« von Angela Merkel und durch den Aufschwung der rechten Parteien sehr verschärft. Dabei schwingt in vielerlei Hinsicht die deutsche Geschichte mit und spitzt die Fragestellungen zu. Dürfen wir vor dem Hintergrund dieser Geschichte Flüchtlinge abweisen? Muss es Obergrenzen geben bei Zuwanderern, die aus Kulturen stammen, die ein kritisches Verhältnis zu demokratischen Grundeinstellungen und zu Israel haben? Auf welche Weise müssen sich Zuwanderer mit dem Holocaust auseinandersetzen? Bedarf es, um die hierzulande geltenden Wertestandards durchzusetzen, schärferer Gesetze und stärkerer Polizeipräsenz? Worin besteht »das Deutsche« in diesem Land: in den Werten des Grundgesetzes oder in einer Leitkultur mit bestimmten Tugenden?

Schulen kommt bei diesen Fragen eine besondere Verantwortung zu. Eine Statistik besagt, dass mehr als ein Drittel derer, die 2016 in Deutschland Asyl beantragt haben, unter 19 Jahre alt sind. Fast zwei Drittel von ihnen sind männlich[7]. Sie alle müssen, wenn sie hier bleiben dürfen, in das Schulsystem eingegliedert werden.

Wie dies der Bialik-Rogozin-Schule in Tel Aviv gelingt, wie sie Kindern ein Zuhause und eine Zukunft gibt – davon erzählt dieses Buch. Es ist ein Porträt der Menschen, die die Schule zu dem machen, was sie ist. Zwischen die sechs Kapitel, die Geschichten aus Tel Aviv erzählen, sind drei Kapitel über die UNESCO-Schule in Essen eingebunden. Auch sie liegt, südöstlich des Essener Hauptbahnhofs, in einem von vielen Zuwanderern geprägten Umfeld, das in vielerlei Hinsicht für die soziale Struktur des Ruhrgebiets und ähnlicher Ballungsräume deutscher Großstädte charakteristisch ist. Genau wie die Bialik-Rogozin-Schule haben wir die Partnerschule vor dem Schüleraustausch besucht, um dort intensiv den Erzählungen der Schüler und Lehrer zuzuhören.

Verblüffend: So wie sich viele der Einwandererkinder in Israel und in Deutschland in ihrem Aussehen gleichen, gleichen sich auch ihre Lebensgeschichten. Viele davon sind Erfolgs- und Glücksgeschichten, die die Schulen den hässlichen und widrigen Umständen der Weltlage abgekämpft haben. Es sind erschütternde und anrührende Geschichten, Geschichten von Flucht und Hoffnung, manchmal auch von Finsternis und Liebe. Es sind diese Geschichten, die wir in diesen Tagen brauchen, um zu verstehen, dass die Entwicklungen, die uns alle überfordern, keine abstrakten Massenereignisse sind, sondern dass es hier um Einzelschicksale geht, deren Herausforderung man nur mit individueller Menschlichkeit begegnen kann.

**Zwölf Thesen**

Aus den Geschichten lassen sich eine Reihe anschaulicher Schlüsse ableiten, die die aufgeheizte Diskussion mit klaren Argumenten bereichern können. Die zwölf Thesen, die im Schlusskapitel dieses Buches aufgestellt werden, erheben den Anspruch, all denen, die mit der Integrationsarbeit junger Menschen befasst sind, entscheidende neue Anregungen zu geben. Sie stehen in engem Zusammenhang mit den Leitlinien, die Eli Nechama für seine Bialik-Rogozin-Schule aufgestellt hat, beziehen sich aber konkret auf die Situation in Deutschland, die sich aufgrund der Geschichte des Landes von der in Israel unterscheidet.

Denn natürlich: Lässt sich die Situation in beiden Ländern überhaupt vergleichen? Macht es nicht einen fundamentalen Unterschied, ob Flüchtlinge in einem Land Zuflucht suchen, dessen Volk jahrhundertelang Verfolgung erlitten hat, oder ob Zuwanderer sich auf dem Boden niederlassen wollen, von dem die Shoa ihren Ausgang nahm?

Eine Grundthese dieses Buches lautet, dass das Gegenteil der Fall ist, dass gerade der Vergleich beider Länder, die durch die gegensätzliche Vorgeschichte wie ungleiche Geschwister aneinander geschmiedet sind, uns auf neue Weise die Augen öffnen kann. Gerade der Blick nach Israel ist für uns in Deutschland ungemein erhellend. Weil auch dort eine intensive Integrationsdebatte geführt wird, schafft dieser Blick für uns einen Verfremdungseffekt, der uns das Verständnis der eigenen Situation in Deutschland erleichtert.

Wer an die Schule von Eli Nechama kommt, entdeckt eine kreative und unkonventionelle, vielfältige und menschlich engagierte Form der Integration, wie sie nur im nonkonformistischen Tel Aviv vor dem Erfahrungshintergrund der jüdischen Geschichte möglich ist. Dazu gehört vor allem auch der Einsatz unzähliger ehrenamtlicher Helfer. Auch in Deutschland engagieren sich Zigtausende von Freiwilligen[8]. Aber vom Erfindungsreichtum, den die Bialik-Rogozin-Schule an den Tag legt, können sich alle, die nicht tatenlos zusehen wollen, noch etwas abschauen. Hören wir ihre Geschichten und lassen wir uns von den Schlüssen, die sich aus ihnen ziehen lassen, anstecken.

*Schulleben an der Bialik-Rogozin-Schule*

# EINE GESCHICHTE VON FLUCHT UND HOFFNUNG 1

## Berhe Gonetse und seine Lehrerin Devora Schlesinger

### 1

Er ist gekidnappt worden, er hat erlebt, wie Menschen gefoltert wurden, er ist nur knapp dem Tod entronnen.

Der junge Mann, der an diesem Morgen das Klassenzimmer betritt, hat schwarze Augen, in denen ein unergründlicher Schimmer liegt. Er ist ein mittelgroßer, schlanker Junge, der ein breitgestreiftes T-Shirt und einen Ring am Zeigefinger trägt. Seine Wangen haben Schattierungen, die wie Narben aussehen. Und nach allem, was er erlebt hat, ist es wahrscheinlich, dass es Narben sind.

Berhe Gonetse ist 18 Jahre alt, und es ist klar, dass das Schimmern in seinen Augen die Dinge widerspiegelt, die er auf der Flucht gesehen hat. Damals, als er in der Geiselhaft von Beduinen war.

»Da war eine große Grube, in die sie die Toten geworfen haben. Die Beduinen scherten sich um alles einen Dreck, sie taten, was sie wollten. Sie vergewaltigten die Frauen, und wenn die Frauen schwanger wurden, ließen sie viele während der Schwangerschaft sterben.«

Berhe Gonetse spricht gut hebräisch, mit einer ernsten Coolheit. Er hat Glück gehabt, ist 2011 nach seiner Odyssee durch den Sudan und Ägypten nach Israel gelangt, wo er in das Saharonim-Lager in der Negev Wüste gebracht wurde.

»Ich war dreizehneinhalb, aber weil ich jünger aussah und keinen Pass hatte, habe ich mich für elf ausgegeben. Da haben sie gesagt, du kommst in ein Internat.«

Als er die Schummelei mit seinem Alter erwähnt, schleicht sich ein Lächeln in sein Gesicht. Es tastet sich tatsächlich voran, stiehlt sich auf Zehenspitzen in seine Züge, wie ein Tier, das auf der Hut ist und prüft, ob die Luft rein ist.

Denn auch das ist klar: Er wäre an diesem Morgen nicht in die Schule gekommen, wenn da nicht die Frau mit den schwarzen schulterlangen Haaren wäre, die nun an seiner Seite steht. Auch sie hat tiefschwarze Augen, aber sie sind von einem anderen, in sich ruhenden Schwarz, einem Schwarz, das Güte ausstrahlt.

Devora Schlesinger ist seit über dreißig Jahren an der Schule. Bis vor kurzem war sie Berhe Gonetses Lehrerin und Berhe Gonetse einer ihrer außergewöhnlichsten Schüler. Als ihre Blicke sich begegnen, spürt man, dass den jungen Mann mit der Frau ein besonderes Vertrauensverhältnis verbindet.

*Berhe Gonetse*

»Diese Schule ist mehr als eine Schule«, sagt Berhe Gonetse, »sie ist ein Zuhause.«

Vor anderthalb Jahren hat er hier mit sehr guten Noten seinen Abschluss gemacht. Dank Devora Schlesinger ist seine tragische Geschichte in vielerlei Hinsicht auch eine Glücksgeschichte. Eine Geschichte von Flucht und Hoffnung.

**2**

Eritrea ist ein weites, heißes Land, das vom Hochland mit dem angrenzenden Sudan als Wüste zum Roten Meer hin abfällt. Über dreißig Jahre hat es um seine Unabhängigkeit gekämpft, in einem blutigen Krieg, in dem über 200.000 Menschen ums Leben kamen und in dem es sich von der Diktatur des Nachbarlands Äthiopien befreite. Doch auch im unabhängigen Eritrea herrscht kein Frieden. Seit einem Vierteljahrhundert führt eine »Übergangsregierung«, die sich demokratisch nennt, ein Ein-Parteien-Regime, das für gravierende Menschenrechtsverletzungen verantwortlich ist. »Reporter ohne Grenzen« stuft Eritrea weltweit als das Land ein, in dem die Pressefreiheit am brutalsten eingeschränkt wird[1].

Im Hochgebirge nahe der Hauptstadt Asama gibt es bedeutende Rohstoffvorkommen. Kupfer, Zink, Gold und Silber bringen chinesischen und kanadischen Unternehmen hohe Profite ein, doch bei der Bevölkerung kommt nichts davon an. Korruption und Unterdrückung führen dazu, dass der Reichtum an Bodenschätzen und Edelsteinen dem Volk vorenthalten bleibt. 5.000 Eritreer fliehen jedes Jahr aus dem Land und nehmen dabei große Gefahren in Kauf. Wer als Regierungskritiker, Deserteur oder Flüchtling verhaftet wird, verschwindet laut Amnesty International ohne Prozess in dunklen Staatsgefängnissen, aus denen viele nicht wiederkehren[2].

Es sind Menschen wie Berhe Gonetse. Solange diese Regierung an der Macht ist, kann er nicht in seine Heimat zurück. Während er erzählt, hält er den Kopf gesenkt, blickt von unten herauf. Vielleicht ist es das, woran das Schimmern seiner dunklen Augen erinnert, an den Glanz der ungehobenen Edelsteine, den die eritreischen Hochgebirge bergen. Es ist ein schüchternes, aber zugleich bestimmtes Leuchten, das aus seinem Inneren aufsteigt und mehr als versteckten Schmerz andeutet, auch einen tiefen Mut.

Berhe Gonetse ist zu Beginn des Eritrea-Äthiopien-Kriegs geboren, der vom Mai 1998 bis zum Juni 2000 dauerte. Der Krieg, eine Eskalation der Streitigkeiten, die die Grenzziehung nach der Unabhängigkeit Eritreas nach sich zog, bedeutete für die Menschen im Grenzgebiet dauernde Lebensgefahr. Manche wurden in den Krieg geschickt, andere einfach ausgebeutet.

»Was dem ganzen Dorf widerfuhr, drei- bis vierhundert Familien – darüber will ich nicht sprechen.«

Er beißt sich bei diesem Satz auf die Lippen, es ist ein Ausdruck des Schmerzes über das, was er damals gesehen hat – und Gegenwehr gegen die Tränen, die ihm kommen, wenn die Bilder wieder in ihm aufsteigen. Mord, Vergewaltigung, Folter, Sklaverei: Wenn er dergleichen schon als kleines Kind erlebt hat, war es nur eine Ankündigung der grausamen Dinge, deren Zeuge er später wurde.

Berhe Gonetses Dorf wurde ins Grenzgebiet zum Sudan umgesiedelt, in die Provinz Gash-Barka.

»Es war sehr hart dort, es gab kaum Medizin. Die Jungen begannen zu revoltieren, schlugen das Oberhaupt des Dorfes, worauf das Dorf in vier Teile aufgeteilt wurde. Meine Familie landete in einem weiteren Dorf in der Nähe zum Sudan. Ich wusste immer, dass ich eines

Tages weggehen würde, aber noch nicht damals, ich war noch zu jung«, sagt er und beißt sich wieder auf die Lippen. »Auch darüber möchte ich nicht sprechen.«

War er selbst an den Aufständen beteiligt, wurde er misshandelt? Hat seine Familie ihn losgeschickt, damit wenigstens einer von ihnen ein besseres Leben findet? Oder ist er abgehauen, auf eigene Faust aufgebrochen?

Die wahrscheinlichste Erklärung ist, dass Berhe Gonetse bereits damals gekidnappt wurde. Gekidnappt von einer der Banden, die Männer und Frauen aus der Krisenregion verschleppen, auch aus den Flüchtlingslagern Shagrab und Kassala, in dem eritreische Flüchtlinge im Sudan Zuflucht finden.

Das unabhängige sudanesische Mediennetzwerk »Dabanga« berichtet auf seiner Webseite über die brutalen Methoden, mit denen kriminelle Gruppen ihre Opfer aus der Grenzregion verschleppen und auf welchen Routen sie sie nach Norden in das angrenzende Ägypten bringen[3]. In der Zeit, in der sich Berhe Gonetses Odyssee nach Israel ereignete, waren solche Entführungen nach UNHCR-Angaben an der Tagesordnung. Über Zehntausend solcher Entführungsfälle soll es allein zwischen 2007 und 2014 gegeben haben, etwa dreißig pro Monat. Die sudanesische Polizei arbeitete dabei mit den Menschenhändlern vielfach Hand in Hand.

Wie barbarisch die Kidnapper zu Werke gehen, welch grausames Schicksal die Opfer erleiden, hat der preisgekrönte Journalist Michael Obert 2013 in einer Reportage für das SZ-Magazin rekonstruiert. Obert erzählt die Geschichte eines Flüchtlings, der ein älterer Bruder von Berhe Gonetse sein könnte und in einem Flüchtlingslager auf dem Weg zur Essensausgabe »unter den Augen sudanesischer Soldaten, die von den Vereinten Nationen für den Schutz der Flüchtlinge bezahlt werden«, von sechs Männern mit Kalaschnikows verschleppt wird.

Die Männer, die dem Nomaden-Verbund des Rashaida-Stamms angehören, transportieren ihn mit einem Pick-Up nordwärts. »Von einer kriminellen Bande an die nächste weiterverkauft, wird er von einem gut organisierten Netzwerk über die Grenze nach Ägypten geschafft, mit rund 150 anderen entführten Eritreern in einen als Geflügeltransporter getarnten Lastwagen gepfercht und über die Suez-Kanal-Brücke auf den Sinai gekarrt. Die einzige Frischluft kommt durch die Schlitze hinter dem Motor. Als schwer bewaffnete Beduinen die Heckklappe des Lastwagens aufreißen, sind sieben Afrikaner erstickt, darunter zwei Kinder und ein Baby.«[4]

Auch Berhe Gonetse ist wohl auf dieselbe Weise in die Hände von Beduinen im Sinai gelangt. Das Wüstendreieck, das vom Roten Meer, vom Suez-Kanal und Israel begrenzt wird, wird von etwa 300.000 Menschen besiedelt, von denen die meisten Viehzucht betreiben. Einige Beduinenstämme aber leben vom Menschenhandel. Berhe Gonetse schildert beim Gespräch in der Schule genau, wie die Entführer Kapital aus ihren Opfern schlagen:

»Am Anfang verlangen sie 3.000 Dollar Lösegeld. Je mehr Zeit vergeht, desto höher steigt die Summe, von 10.000 auf 15.000 Dollar. Die Verwandten müssen zahlen. Mich hielten die Beduinen in sicherem Gewahrsam, da ich für sie Arabisch-Übersetzungen gemacht habe. Aber wer das Geld nicht aufbringt, dem entnehmen sie Organe. Oder sie bringen ihn einfach um. Es wurde nach und nach eine richtige Industrie der Entführung und Vergewaltigung. Je mehr Geld sie erpressten, desto mehr gingen die Preise in die Höhe.«

Berhe Gonetse wechselt Blicke mit Devora Schlesinger, seiner ehemaligen Lehrerin, der er diese Dinge schon früher anvertraut hat. Man merkt, dass ihre Anwesenheit ihm Sicherheit verleiht, und wie schwer es ihm fällt, die Geschichte vor Fremden zu erzählen. Der Zuhörer spürt ein ähnliches Unbehagen: Seine Schilderungen sind in ihrer Grausamkeit fast zu plakativ, als dass man ihre Dimension fassen könnte. Können die Dinge, die er erzählt, stimmen? Was bedeuten sie konkret?

Tatsächlich decken sich Berhe Gonetses Schilderungen genau mit den Berichten anderer, die die barbarische Methodik dokumentieren, mit der die Schergen ihren millionenschweren Menschenhandel betreiben[5]. »Das sind keine Menschen«, sagt ein Opfer, das sind »Bestien«[6]. Sie schlagen ihre Entführungsopfer mit Eisenstangen oder Ketten so lange, bis diese ihnen die Telefonnummern ihrer Verwandten verraten. Sobald der telefonische Kontakt hergestellt ist, geht die Folter systematisch weiter, um die Lösegeldforderung in die Höhe zu treiben:

»Die Kidnapper drücken ihren Opfern Zigaretten in den Gesichtern aus, brandmarken sie mit glühendem Metall, überschütten sie mit kochendem Wasser. Sie umwickeln ihre Finger mit Kabeln und drücken sie in die Steckdose, bis das Fleisch schwarz wird, oder sie gießen ihnen Diesel über den Kopf und zünden sie an, während die Angehörigen der Gefolterten daheim ihre Schreie über Handy mit anhören müssen.«[7] Ein Opfer berichtet, dass es mehrere Tage lang an einem Fleischerhaken in seiner Folterzelle aufgehängt war. Von seiner Hand ist nur noch eine verstümmelte Haut- und Knochenklaue geblieben.

Die Verrohung, die die Täter an den Tag legen, ist so wenig zu begreifen wie die Verrohung, mit der die Roten

Khmer ihre Opfer auf den kambodschanischen Killing Fields abschlachteten oder mit der die Nationalsozialisten ihren industriellen Völkermord in den Gaskammern von Auschwitz oder Sobibor betrieben. Das Motiv, das hinter den Verbrechen der Menschenhändler im Sinai steht, ist jedoch offenbar frei von jeder weltanschaulichen Ideologie und ausschließlich ihrer puren finanziellen Gier geschuldet. Einer der Folterknechte berichtet, dass er für seine Arbeit 120 Euro im Monat erhalte – von Mitgefühl keine Spur. »Vor einer benachbarten Kellerzelle stehen täglich Beduinen an, um Frauen zu vergewaltigen. Mit dem heißen Gummi geschmolzener Kühlerschläuche verbrennen sie ihre Brustwarzen und stoßen Eisenstangen in ihre Vaginen. Selbst wenn eine der Frauen ihren Verletzungen erliegt, lösen sie ihre Fesseln nicht. Tagelang bleiben die Überlebenden an die Toten gekettet.«[8]

Wenn man die Summen hochrechnet, die sich aus den Lösegeldern ergeben, lässt sich der Gewinn in den letzten zehn Jahren auf sagenhafte 300 Millionen Dollar schätzen[9]. Können die skrupellosen Menschenhändler einmal kein Geld erpressen, tauschen sie ihre Opfer zuweilen auch gegen Fahrzeuge ein: drei Geiseln gegen einen Toyota Landcruiser, sieben gegen einen Lastwagen[10].

Wie viel obendrein jene Opfer einbringen, für die niemand Lösegeld bezahlt, ist unklar. Ihr Leben wird in noch brutalerem Wortsinn ausgeschlachtet. Menschenrechtsaktivisten berichten, dass den Geiseln Nieren und andere Körperteile entnommen worden seien, um sie auf dem Organmarkt zu verkaufen. Die Abnehmer seien ägyptische Ärzte aus Kairo, die für die Organe viel Geld bezahlen würden – nach Recherchen von CNN zwischen 1.000 und 20.000 Dollar[11]. Die Rede ist sogar von einer mobilen Klinik, in der Organtransplantationen mitten in der Wüste durchgeführt würden.

In einem Massengrab außerhalb des Friedhofs der nordägyptischen Stadt Al-Arish wurden neben der Müllgrube eines Slums über tausend Tote gefunden, bei denen es sich um Entführungsopfer handeln soll. Im Jahr 2014 belief sich die Zahl derer, die auf dem Sinai spurlos verschwunden sind, auf 4.000, wie die Organisation Ärzte für Menschenrechte (PHR) schätzt. 5.000 bis 7.000 der geschätzt 50.000 bis 60.000 afrikanischen Flüchtlinge, die es in Israel gibt, sollen eine Entführungsgeschichte hinter sich und diese überlebt haben[12].

**3**

Einer von ihnen ist Berhe Gonetse, der junge Mann im Klassenzimmer der Bialik-Rogozin-Schule. Man kann verstehen, dass er über die Dinge, der er gesehen hat, nichts Näheres erzählen will. Berhe Gonetse hat bei seiner Entführung Glück. Glück, dass er den Beduinen als Übersetzer helfen kann, Glück, dass seine Familie für ihn irgendwie das Lösegeld zusammenbringt, Glück, dass er einen Onkel in Tel Aviv hat, dem einige Jahre zuvor die illegale Einreise nach Israel gelungen ist. Dieser wird mit der Lösegeldübergabe betraut.

»Als sie meinen Onkel anriefen, sagten sie ihm, dass er das Geld an einen bestimmten Ort legen sollte. Die Entführer sind gut vernetzt, zum einen in Gaza, aber sie haben auch viele Freunde in Israel. Sie holen es ab, ohne dass sie gesehen werden.«

Obwohl der Onkel den Umschlag mit dem Geld hinterlegt, kommt Berhe Gonetse nicht sofort frei.

»Es spielt keine Rolle, wann das Lösegeld bezahlt worden ist. Man kann dann immer noch drei, vier Monate gefangen bleiben. Wenn sie das Geld für zwanzig, dreißig Leute zusammen haben, zeigt ihnen ein Beduine den Weg zur Grenze.«

Der Weg birgt eine weitere Gefahr: ägyptischen Soldaten in die Hände zu fallen. Dann geht die Odyssee weiter, findet das Martyrium kein Ende: Sie stecken die Flüchtlinge erst in ein ägyptisches Gefängnis – und schicken sie in ihr Heimatland zurück. Für einen Flüchtling wie Berhe Gonetse bedeutet das, in einem der Staatsgefängnisse von Eritrea zu verschwinden.

»Es waren ein oder zwei Kilometer bis zur Grenze, und man sagte uns, geht nicht dort entlang, da sind die ägyptischen Soldaten, sondern geht zur anderen Seite, da sind die Israelis. Die israelischen Soldaten schicken einen niemals zurück. Wenn man ärztlich behandelt werden muss, zum Beispiel wegen einer gebrochenen Hand, bringen sie einen direkt nach Beer Sheva ins Krankenhaus, wo man behandelt wird. Wer medizinisch okay ist, wird direkt ins Lager Saharonim gebracht.«

In Saharonim wird er zwei Tage befragt, er schwindelt die Soldaten in Bezug auf sein Alter an. Dann liefert ihn einer, ohne dass die Befragung zu Ende ist, im Levinsky Park in Tel Aviv ab, der Anlaufstelle für alle afrikanischen Flüchtlinge. Von dort aus sucht er sich den Weg zu seinem Onkel, wo er bis heute lebt.

So kam Berhe Gonetse, der als Christ erzogen ist, nach Israel, in ein Land, von dem er überhaupt nichts wusste. Tatsächlich, sagt Berhe Gonetse, hat er erst in der Gefangenschaft auf dem Sinai begriffen, wo er sich befindet – und dass Israel das einzige Land ist, das ihm Zuflucht bieten kann. Israel, das er vorher nur aus der Bibel kannte.

»Ich hatte Angst vor den religiösen Menschen. Anfangs traute ich mich nicht mal, das Haus zu verlassen, weil ich so Angst hatte.« Da stiehlt es sich wieder in sein Gesicht, sein Lachen. »Ich kannte nur die Legenden – dass die Juden Jesus umgebracht haben sollen – und die anderen Geschichten, mit denen ich aufgewachsen bin.«

Was soll aus einem Jungen werden, der mit 13 Jahren in einem Land gestrandet ist, in das er nie wollte? Ein Junge, der vielleicht nie mehr zurück in seine Heimat kann? Hätte er je eine Chance im Leben gehabt, wenn er nicht an die Bialik-Rogozin-Schule gekommen wäre? Wenn er dort nicht Devora Schlesinger getroffen hätte, die – wie es der Zufall will – eine religiöse Jüdin ist?

## 4

Die Frau mit den tiefschwarzen Augen unterrichtet seit zweiunddreißig Jahren an der Schule. Früher trug diese nur den Namen Rogozin und war eine Schule wie jede andere auch.

»Süd-Tel Aviv war damals völlig israelisch, hier lebten keine Flüchtlinge. Ich bin Geografie-Lehrerin und habe an der Rogozin-Schule angefangen. Es gab etwa 1.000 Schüler, von der sechsten bis zur zwölften Klasse. 90 % der Schulabgänger schafften es auf die Universität.«

Als die Stadtbehörde von Tel Aviv aber die Stadtviertelbindung für Schulen auflöst, beginnen viele Eltern im sozial schwachen Süden der Stadt, ihre Kinder auf Einrichtungen im Norden zu schicken. Zurück bleiben die, die sich den Wechsel nicht leisten können. Aufgrund drastisch sinkender Schülerzahlen will die Stadt die Rogozin-Schule Anfang der 1990er Jahre schließen, doch die Schüler beginnen zu demonstrieren, kämpfen um ihren Erhalt. Es ist genau die Zeit, als Israel eine große Immigrationswelle aus der früheren Sowjetunion erfasst, die die soziographische Landkarte verändert.

Viele der »Olim Chadashim«, der Neubürger aus Russland, lassen sich in Süd-Tel Aviv nieder. Die Stadtbehörde gibt der Rogozin-Schule eine neue Verfassung, aus einer normativen Lehrplanschule wird eine Mitbestimmungsschule, bei der Schüler und Lehrer den Lehrplan im gemeinsamen Dialog erarbeiten. »Diese Jahre waren eine tolle Herausforderung«, sagt Devora Schlesinger mit einem Leuchten im Blick. »Die Lehrplangestaltung war spannend. Lehrer und Schüler lernten voneinander. Aber es handelte sich immer noch um rein jüdische Kinder.«

Acht Jahre dauert diese Phase. Am Ende, während der letzten beiden Jahre, beginnt sich das Gesicht von Süd-Tel Aviv erneut zu wandeln: Es wird bunter, vielschichtiger, bekommt aber auch ernstere, schwierigere Züge. Eine Welle ganz anderer Einwanderer drängt nach Israel: Auf die sowjetischen Immigranten folgen die Gastarbeiter aus Südostasien und die Flüchtlinge aus Afrika. Die einen sind, genau wie die türkischen Gastarbeiter in Deutschland, als Billigarbeitskräfte ins Land geholt worden – hauptsächlich Philippinos, die als Reinigungskräfte, in der Landwirtschaft oder bei der Altenbetreuung benötigt wurden. Die anderen strömen illegal über die Grenzen, meist vertrieben von den Kriegen in Äthiopien, dem Sudan oder Eritrea – so wie Berhe Gonetse. Wieder wirkt sich der Wandel von Tel Avivs Süden auf die Rogozin-Schule aus: »Immer weniger Eltern wollten, dass ihre jüdischen Kinder zusammen mit den Migrantenkindern lernen.«

Die neue Schulleiterin Karen Tal, die die Schule in diesen Tagen übernommen hat, ist gegen das Mitbestimmungsmodell und führt das Regelschulsystem wieder ein. Weniger Schüler, davon die meisten Gastarbeiter- und Flüchtlingskinder – genau dasselbe Bild bietet sich auch einige hundert Meter weiter, an einer Grundschule in der Nähe des Zentralen Busbahnhofs. Ihr Name: Bialik-Schule. Da deren Gebäude obendrein völlig marode ist, liegt es nahe, die beiden Schulen zu vereinen, die

Bialik-Grundschule und die Rogozin-Hauptschule. So entsteht die Bialik-Rogozin-Schule.

Das Leuchten in Devora Schlesingers Gesicht lässt keinen Zweifel daran, dass sie stolz ist, die Neugründung dieser einzigartigen Schule miterlebt zu haben. Einer Schule, über deren Arbeit ein mit einem Oscar prämierter Dokumentarfilm gedreht wurde und die weltweit ein Vorbild für ihre Integrationsleistung und Menschlichkeit ist. Für Devora Schlesinger ist der Wandel des Viertels in all den Jahren kein Abstieg, sondern die wunderbarste Herausforderung, der sie als Mensch begegnen konnte. Wie den anderen Lehrern an der Schule ist ihr freigestellt worden, die Schule zu verlassen und an eine rein jüdische Schule zu wechseln, in ein Umfeld, das wohlhabender und gebildeter ist. Aber genau das will sie nicht, im Gegenteil:

»Eine Reihe Lehrer ging. Ich aber sagte: Nein, ich bleibe. Ich spürte, dass diese Schule für mich ein Zuhause ist. Ein Ort, an dem ich eine echte Verbindung mit den Kindern aufnehmen kann, egal, ob sie jüdisch sind oder nicht. Kinder sind wie Plastilin. Es spielt keine Rolle, wo sie herkommen: Ein Kind bleibt ein Kind. Das Besondere an dieser Schule ist die Vielfalt. So viele verschiedenartige Kinder aus so vielen verschiedenartigen Ländern sind eine wunderschöne Sache. Es ist niemals langweilig, die Zusammensetzung verändert sich dauernd. Man kann immer neue Geschichten hören, erfährt immer Neues, lernt immer dazu.«

Erst der Wandel der Schule hat Devora Schlesinger das Entscheidende in ihrem Leben entdecken lassen, etwas, was man Berufung nennen könnte. Das hat nicht nur mit ihrem Beruf als Lehrerin zu tun. Ihre Mission, ihr Engagement hängen auch mit ihrem Glauben zusammen:

»Ich glaube, dass jeder Mensch eine Schöpfung Gottes ist. So sehe ich die Kinder, ohne Frage: Jedes von ihnen ist ein Gottesgeschöpf, alle sind gleich. Wir müssen ihre Unterschiedlichkeit annehmen.«

**5**

Es wirkt wie eine wundersame Fügung, dass ausgerechnet sie, die gläubige Jüdin, den Flüchtlingsjungen, der Angst vor den religiösen Juden hat, als Schüler bekommt. Doch ist dies keine göttliche Bestimmung, die vom Himmel fällt – für beide gehört ein beherzter aktiver Schritt dazu. Berhe Gonetse fasst den Mut, sich aus dem Versteck bei seinem Onkel herauszuwagen und auf die Bialik-Rogozin-Schule zu gehen. Devora Schlesinger bringt die Zivilcourage auf, ihre Überzeugung gegen die diametral entgegengesetzte Haltung der israelischen Rechten durchzusetzen.

Flüchtlinge mit offenen Armen aufzunehmen, das ist unter religiösen Juden in Israel nicht Common Sense. Devora Schlesinger wohnt im Dorf Berhod in der Nähe von Lod, einer Kleinstadt in der Nähe des Ben Gurion Flughafens. Es ist ein religiöses Dorf, und vor ihren Mitbürgern muss sie sich bis heute rechtfertigen, dass sie an der Migrantenschule unterrichtet:

»Die Leute in meiner Umgebung fragen mich immer wieder: Bist du dir sicher? Die große Angst, die aus religiöser Perspektive herrscht, ist, dass Juden Nicht-Juden heiraten und dass auf diese Weise der Anteil der Fremden wächst. Aber wenn man den Kindern die Werte vermittelt, werden sie sich loyal gegenüber unseren Werten verhalten.«

Zum Judentum gehört, erklärt Devora Schlesinger, neben dem grundsätzlich ethnisch-religiös geprägten Nationsverständnis, auch die große Angst vor dem

Fremden. Diese Angst rührt unter anderem von jahrhundertelanger Verfolgung her. Die jüdische Diaspora-Erfahrung, das erzwungene Leben in der Fremde, das mit Antisemitismus einherging und im Holocaust gipfelte, erklärt die wahrgenommene Fragilität der Existenz des israelischen Volkes. Dabei wird das Bedrohungsgefühl durch den dauernd gegenwärtigen Nahostkonflikt und die Spannungen zu arabischen Ländern stets wachgehalten, sei es durch Raketenangriffe der Hamas, sei es durch die Vernichtungsdrohungen des Irans.

Vor dem Hintergrund der Diaspora- und Holocaust-Erfahrung haben sich auf diese Weise im Umgang mit Einwanderern zwei – entgegengesetzte – Positionen herausgebildet, wie die israelische Schriftstellerin Sarah Blau, die selbst aus einer religiösen Familie in Bnei Brak stammt, in einem Interview sagt[13]. Die eine betont den starken Willen, dass sich das jüdische Volk gegen alles Fremde, das es bedrohen könnte, schützen muss. Das ist der Grund für die strikte, zuweilen maßlos wirkende Reaktion auf jeden Angriff, der dem israelischen Gemeinwesen gilt. Diese Position wird von den meisten Konservativen in Israel vertreten und ist der Grund für die ablehnende Haltung gegenüber nicht-jüdischen Einwanderern, die auch »Eindringlinge« genannt werden.

Die andere ist, ganz im Gegenteil, eine besondere Empathie für jene, die selbst ein Verfolgungsschicksal erleiden, die auf der Flucht sind, wie es zur Urerfahrung der Juden gehört. Dieser Standpunkt wird eher vom säkularen, linken, liberalen Teil der Gesellschaft vertreten. Aber auch Devora Schlesinger, die aus einem religiösen Umfeld kommt, hat ihn sich zu eigen gemacht:

»Aus der Geschichte des jüdischen Volkes lässt sich das Gebot ableiten, die Flüchtlinge in ihrer Andersartigkeit aufzunehmen. Auch wenn dies ein religiöses Problem darstellt. Ein Mensch ist ein Mensch, diese Überzeugung kommt aus dem Judentum. Aber natürlich gibt es in Israel immer den Widerspruch: Ist Israel ein demokratischer oder ein jüdischer Staat?«

Devora Schlesinger hat sich dafür entschieden, diesen Widerspruch durch ihr Handeln aufzulösen, gegen die Kritik aus dem eigenen Lager. Für sie ist das nicht nur eine Sache ihres Glaubens – ihre Haltung ist auch unmittelbar mit der eigenen Familiengeschichte verknüpft. Ihre Mutter und ihr Vater, die eine aus Rumänien, der andere aus der Tschechoslowakei, sind beide Holocaustüberlebende. Sie waren selbst Flüchtlinge nach dem Krieg.

»Meine Eltern haben sich im Flüchtlingslager in Schweden kennengelernt. In einem Flüchtlingslager auf Zypern haben sie 1947 geheiratet. Sie kamen mit dem Boot aus Europa und wollten nach Palästina. Aber die Briten[14] ließen sie nicht ins Land. Fast der ganze Rest der Familie wurde im Holocaust ermordet.«

Devora Schlesingers Vater, 1922 geboren, ist schon vor fünfzig Jahren gestorben. Aber ihre Mutter lebt noch und spricht über alles, was damals geschehen ist. Nicht nur Devora Schlesingers Großeltern wurden ermordet, auch neun ihrer fünfzehn Onkel und Tanten.

Devora Schlesinger hat selbst vier Kinder, die ihr bereits Enkelkinder geschenkt haben. Ihre Augen blicken mit warmem Ernst, als sie das alles erzählt. Die Augenfältchen, die ihren Blick umrahmen, weisen auf die doppelte Botschaft hin, die in der Familiengeschichte enthalten ist. Es ist eine Geschichte von Trauer und Überleben, eine Geschichte, die nicht nur vom Schmerz handelt, sondern auch vom Triumph, dass ihre Familie – wie das jüdische Volk – über die Nazischlächter gesiegt hat.

Und diese Geschichte reicht bis in die Gegenwart. Denn natürlich ist die Geschichte ihrer Eltern der Schlüssel für die Art und Weise, mit der sie sich dem Flüchtlingsthema unserer Tage annimmt. Devora Schlesinger zitiert ihre Mutter, die 95-jährige Holocaust-Überlebende, die eine klare Position in der Diskussion bezieht:

»Wir waren selbst Flüchtlinge, wir müssen die Flüchtlinge aufnehmen. Darauf verweist meine Mutter immer, wenn sie diskutiert – auf die Geschichten, die sie über die Tage erzählt, als sie Flüchtling war. Die gute Art, wie die Schweden sie behandelt haben, wie sie sie aufnahmen und sich um sie kümmerten: Das ist das Vorbild, wie man Flüchtlinge behandeln sollte.«

**6**

Berhe Gonetse versteckt sich in Israel zunächst in der Wohnung seines Onkels. Schließlich fasst er den Mut, mit ihm zur Stadtbehörde zu gehen. Weil er kein Hebräisch versteht, wird ihm ein Sprachkurs verordnet. Berhe Gonetse kommt an die Bialik-Rogozin-Schule. Von diesem Moment an wird dieser außergewöhnliche Ort zu seiner Heimat.

»Er lernte sehr schnell, war ein exzellenter Schüler«, sagt Devora Schlesinger. »Er hatte sehr gute Noten, bestand all seine Examen, studierte auf hohem Niveau Biologie. Er war immer der in der Klasse, der sich am besten artikulieren konnte, die Stimme der anderen Schüler.«

»Meine Mutter hat mir beigebracht, immer alles zu sagen, was einem in den Kopf kommt«, sagt Berhe Gonetse. »Wenn man jemanden damit verletzt, muss man sich eben entschuldigen. In Eritrea würde ich nicht so offen sprechen, aber in Israel geht das. Hier herrscht Redefreiheit.«

*Devora Schlesinger im Gespräch mit Berhe Gonetse*

Der Junge will vor allem eins, kaum dass er Hebräisch sprechen gelernt hatte: seiner Familie in der Heimat helfen. Allerdings bekommt er kein Visum, das ihm zu arbeiten erlaubt. »Also habe ich mir Visa von anderen Leuten ausgeborgt«, sagt er, und da ist es wieder, das schüchtern freche Lächeln, das sich in sein Gesicht schleicht, »damit ich außerhalb der Schule arbeiten und Geld nach Hause senden konnte.« Jetzt macht er sich älter, gibt sich für 18 aus und nimmt alle Jobs an, als Reinigungskraft, als Bauarbeiter, was auch immer er bekommen kann.

Und dann ist da dieser Mann, der Events in der Nähe der Universität veranstaltet. Als Fahrer bekommt Berhe Gonetse einen guten Stundenlohn, kassiert darüber hinaus satte Trinkgelder. Bis der Mann ihn eines Tages beiseite nimmt und sagt: »Du bist doch keine 18, oder?« Berhe Gonetse erschrickt, kriegt es mit der Angst zu tun. Was, wenn der Fremde von der Polizei ist? Aber das ist er nicht. Nachdem Berhe Gonetse ihm seine Geschichte offenbart, hilft ihm der Mann, wo er nur kann. »Er war der netteste Typ, der mir je begegnet ist. Bei ihm verdiente ich viel Geld. Er half auch meinem Onkel, die Miete zu bezahlen.«

Heute ist Berhe Gonetse 18, hat die Schule beendet, ist in dem Alter, in dem alle Israelis (mit Ausnahme der Ultraorthodoxen und der Araber) ihren Wehrdienst leisten müssen. Der Wehrdienst dauert für junge Männer drei Jahre und für junge Frauen knapp zwei. Anders als in Deutschland, wo die Verbrechen, die die Wehrmacht im Zweiten Weltkrieg beging, ein höchst gebrochenes Verhältnis zum Militär hinterlassen haben (und wo die Friedensbewegung sich vor dem Bundesverfassungsgericht das Recht erstritt, Tucholskys Satz »Soldaten sind Mörder« zu zitieren), ist die Armee in Israel eine geachtete und tragende Säule der Gesellschaft.

Sie ist nicht nur die Institution, die den jüdischen Staat vor jedem Angriff schützen soll, sie ist, wie die israelische Schriftstellerin Sarah Blau sagt, die »Eintrittskarte« zur israelischen Identität[15]. Mögen Israelis die Beendigung ihres Wehrdiensts auf langen Auslandsreisen noch so ausgelassen feiern, ob in Goa oder in Berlin, die Armeezeit gehört für die allermeisten von ihnen unabdingbar zum Lebenslauf.

Berhe Gonetse, der in der israelischen Gesellschaft erwachsen geworden ist, würde gern zur Armee gehen. Er hat offiziell um Erlaubnis gefragt. Aber er hat keine israelische Staatsbürgerschaft, er hat noch nicht mal eine unbefristete Aufenthaltserlaubnis. Sein Visum, das alle paar Wochen erneuert werden muss, trägt seinen Namen und eine Nummer, aber zugleich den Vermerk: darf nicht arbeiten. Er blickt wieder von unten herauf, lässt seine Edelsteinaugen schimmern und behauptet mit bitterem Trotz:

»Ich brauche das Dauervisum auch gar nicht. Wenn ich dieses Visum bekomme, können sie mich nach Holot schicken, in das Lager für Flüchtlinge. Der einzige gute Grund für das Visum bestünde darin, dass ich bessere Jobs machen könnte, nicht nur körperliche Arbeit.«

Berhe Gonetses Existenz ist immer noch eine Geschichte von Flucht und Hoffnung. Er lebt in einem bitteren Widerspruch: Einerseits will der Staat Israel den Flüchtlingen, die hier leben, kein dauerhaftes Asyl gewähren. Oft werden ihre Asylanträge einfach nicht bearbeitet. Nur 0,15 % der Antragsteller haben seit 2009 politisches Asyl erhalten; im Jahr 2015 waren es nur zwei[16]. Andererseits sind da die vielen Menschen, die Berhe Gonetse geholfen haben, oft an der offiziellen Bürokratie vorbei. Devora Schlesinger und die Bialik-Rogozin-Schule haben ihm ein Zuhause gegeben, ihn zu einem gebildeten jungen Mann gemacht. Er ist vollkommen israelisch sozialisiert, schätzt und lebt die Werte der israelischen Gesellschaft.

Berhe Gonetse hat den Asylantrag gestellt. Damit er nachweisen kann, dass er es versucht hat.

»Es gibt keine Einwanderungspolitik für Nicht-Juden in Israel«, zuckt Devora Schlesinger missbilligend mit den Schultern, »die Kinder kamen und niemand wusste, wie ihre Rechtslage ist. Das schuf eine Menge Spannungen und Unsicherheit. Anfangs hat die Polizei die Kinder sogar verhaftet.«

Sie plädiert ganz klar dafür, dass Flüchtlinge wie Berhe Gonetse, die längst Teil der israelischen Gesellschaft sind, Staatsbürger werden sollen.

»Ohne jede Frage: Die Gesellschaft sollte sie vollständig aufnehmen. Heute sind die Grenzen im Sinai dicht. Die Situation wird also bleiben, wie sie ist. Insgesamt handelt es sich nur um eine kleine Anzahl von

Menschen, die sich ausschließlich auf Tel Aviv und, in bereits geringerem Ausmaß, auf Jerusalem verteilen. In Deutschland ist die Auswirkung eine ganz andere, es kommen viel mehr dorthin, das wird eine enorme gesellschaftliche Veränderung bewirken. Aber hier wird man die Einwanderung mit den Jahren nicht einmal mehr spüren.«

Der Kampf, den Devora Schlesinger und die Bialik-Rogozin-Schule kämpfen, ist mehr als nur ein Einsatz für ihre Schüler, denen sie ein Zuhause geben, es ist auch ein gesellschaftlicher Kampf für eine neue Aufnahmekultur.

# 2 SCHULE DER MENSCHLICHKEIT

## Eli Nechama und die fünf Leitlinien seines Integrationstheaters

### 1

Was für ein Aufruhr im Schulsekretariat: Die aufgeregten Stimmen und hektischen Gesten lassen sofort erkennen, dass an diesem Dienstagmorgen etwas Ernstes passiert ist. Im kleinen Leitungsbüro von Bialik-Rogozin, gleich auf der anderen Seite des Eingangsflurs, brodelt es wie bei einem morgendlichen Katastropheneinsatz.

Phyllis wurde zurückgeschickt. Phyllis durfte nicht ins Flugzeug steigen. Phyllis musste um drei Uhr nachts wieder nach Hause.

Es sind zwei Personen, die in dem Aufruhr hervorstechen. Eine kleinere, äußerst agile Dame mit rotblondem Haar – und ein dynamischer, braungebrannter Mittfünfziger mit Dreitagebart und Halbglatze. Beide tragen Brille: Das professorale Gestell verleiht der Frau etwas von einer französischen Schuldirektorin, während das moderne, sportliche Modell den Augen des Mannes ein noch entschlosseneres Leuchten zu geben scheint. In der hell lodernden Aufregung ist er, das ist klar, der Feuerwehrmann, der zu löschen versucht, was sich löschen lässt. Er ist der Einsatzleiter, der den Notfallplan aktiviert, der sich mit seinem Team abstimmt, der alle Hebel in Bewegung setzt, um das Problem, das sich mitten in der Nacht aufgetan hat, zu lösen.

Phyllis wurde bei der Grenzkontrolle abgewiesen. Phyllis' Papiere waren nicht ausreichend. Phyllis konnte als Einzige nicht mit auf die Schülerreise fahren.

Der Feuerwehrmann ist Eli Nechama, der Schulleiter von Bialik-Rogozin. Während er um acht Uhr morgens am Telefon hängt, um jemanden zu erreichen, der ihm die Situation erklären kann, diskutiert er gleichzeitig mit der rotblonden Dame, wer von den ehrenamtlichen Helfern beispringen könnte. Sari Levy ist die Koordinatorin der Freiwilligen an der Schule. Sie war früher im Schuldienst und sitzt nun, schon pensioniert, selbst in ehrenamtlicher Funktion an einem kleinen Schreibtisch im Sekretariat. Daneben, hinter dem PC und mit dem blubbernden Wasser-Spender im Rücken, kümmert sich die Schulsekretärin Nava Levy Sandberg um all die anderen Anliegen, die auch an diesem Morgen in dem kleinen Büro vorgetragen werden. Sari Levy springt auf, stürmt in das Büro von Eli Nechama und wirft ihm neue Kontaktnamen zu.

Ausgerechnet Phyllis Miah, die achtzehnjährige Schülerin aus Ghana, eine athletische, tiefschwarze Frau und eine der besten Nachwuchs-Sportlerinnen Israels. Im vergangenen Jahr ist sie mit dem Leichtathletikteam der Schule nach China gereist, um an den Jugend-Weltmeisterschaften teilzunehmen[1]. Nur 10 cm fehlten ihr zur Bronzemedaille im Kugelstoßen. Auch damals war die Ausreise ein bürokratischer Hürdenlauf. Damals kam Eli Nechama mit seinen Helfern trotz aller Schikanen ins Ziel. Dieses will er auch heute erreichen.

Vielleicht kann Elazar Friedman etwas bewirken, der ehemalige Personalchef von IBM, einer der wichtigsten Ehrenamtlichen der Schule? Vielleicht seine Frau Ofra, die Juristin, deren Kontakte so hilfreich bei der Beschaffung der Dokumente für die Chinareise waren? Hieß es damals nicht zuerst: unmöglich? Hat nicht der berühmte Bürgermeister von Tel Aviv, Ron Huldai, die Pressekampagne der Schule mit angestoßen? Ging das

Bild der schwarzen Athleten, die nach ihren sensationellen Erfolgen vor der israelischen Flagge posierten, nicht durch die Medien?

Das also ist geschehen: In der Nacht ist Phyllis Miah mit einer Schülergruppe von Bialik-Rogozin zu einer einwöchigen Reise nach Polen aufgebrochen. Wenn eine Schülergruppe aus Israel nach Polen fliegt, dann geht es nicht um eine vergnügliche Klassenfahrt ins Landschulheim. Polen, das heißt: eine Reise zu den Schauplätzen des Holocaust, zur Besichtigung der Konzentrationslager. Diese Reise ist für die meisten Schüler in Israel Normalität – nur nicht für diese Kinder. Hier, an der Schule der Eingewanderten, hat diese Reise einen Ausnahmestatus. Aus dem Unterricht wissen sie, welche Bilder und Geschichten sie erwarten. Mit der Leiterin der Gruppe haben sie sich gründlich vorbereitet, sind am späten Abend zum Ben-Gurion-Flughaften aufgebrochen, aufgeregt und ernst. Und dann das: Etwas ist mit Phyllis' Papieren nicht in Ordnung. Mitten in der Nacht wird Eli Nechama aus dem Schlaf geholt, aber am Telefon kann auch er nichts bewirken. Phyllis, am Boden zerstört, wird nachts um drei mit einem Taxi zurückgeschickt.

Eine halbe Stunde später hat Eli Nechama endlich jemanden von den Behörden in der Leitung, erklärt mit eindringlichen Worten den Fall. Sari Levy läuft zwischen seinem Büro und dem Sekretariat hin und her, bringt weitere nützliche Kontakte ins Spiel. Noch besteht Hoffnung, dass Phyllis ad hoc die fehlenden Papiere erhält, um den anderen hinterherreisen zu können. *Die Hoffnung stirbt bekanntlich zuletzt.* An dieser Schule ist dieser Satz Programm – und Eli Nechama ist so etwas wie seine Verkörperung: ein Mann, der auch dann noch alles versucht, wenn schon alles verloren scheint. Seit er in der

Nacht aus dem Schlaf geklingelt worden ist, zerbricht er sich den Kopf. Findet er wieder eine Lösung wie bei der China-Reise?

Das Credo, dem er sich als Schulleiter verschrieben hat, lautet: immer für die Kinder da sein. Was er ihnen angesichts ihrer schwierigen Lebenssituationen geben will, ist »a home away from home«: ein Zuhause in der Fremde.

Um dieses Ziel zu verwirklichen, hat Eli Nechama einen Katalog mit fünf Leitlinien aufgestellt, denen die Bildungsarbeit der Bialik-Rogozin-Schule folgt. Der erste und oberste Leitsatz ist das Prinzip der durchgehenden »Erziehungs-Präsenz«.

Deswegen öffnet die Schule um 7.30 die Türen für die Kinder, deswegen können sie nach dem Unterricht bis 19.30 in der Schule bleiben, deswegen gibt es tagsüber etwas für sie zu essen, und deswegen ist die Schule bis 22 Uhr abends sogar Anlaufstelle für die Eltern. Wann immer Schüler oder Eltern ein Problem haben, können sie sich an Eli Nechama und die Lehrer wenden. Und manchmal heißt das eben: nachts um drei.

»An der Schule, wo ich zuvor Schulleiter war, war meine Handynummer top secret. Hier aber war das Erste, was wir gemacht haben: allen unsere Telefonnummern zu geben. Sie können uns zu jeder Tageszeit anrufen.«

Es ist klar, dass Eli Nechama das nicht im Alleingang schafft. Und natürlich kostet dieses Engagement ihn und sein Team unglaubliche Kraft. Aber so anstrengend das Ganze auch sein mag, er lebt das Fürsorge-Prinzip mit Leib und Seele.

»Ich bin jede Nacht so erschöpft, dass ich in Ruhestand gehen will, und verliebe mich jeden Morgen von Neuem in die Schule.«[2]

*Eli Nechama*

Eli Nechama sagt diesen Satz und seine Augen leuchten hinter den Gläsern seiner sportlichen Brille. Es ist dieses entschlossene, kraftvolle, gutgelaunte Strahlen, das jeden sofort spüren lässt, was die besondere Ausstrahlung dieses Mannes ausmacht: ein politisches Eintreten für die unterprivilegierten Kinder, eine klare pädagogische Mission und eine große menschliche Wärme.

**2**

Das Foto der Leichtathletinnen, das in Eli Nechamas Büro steht, ist eine Trophäe. Es zeigt sechs junge schwarze Frauen in ihren weißen Schultrikots vor der israelischen Flagge. Sie strahlen in die Kamera, genau wie die beiden Lehrer an ihrer Seite, Schulleiter Eli Nechama und Sportlehrer Alon Bezalel. Was ihnen im Vorjahr gelungen ist, war ein Coup – ein Schlag ins Gesicht aller

Integrationsgegner. Dieses Bild verdeutlicht, warum die Bialik-Rogozin-Schule solch ein gesellschaftliches Symbol ist.

Man muss sich klar machen: Die Einwandererkinder sind von Seiten des Staates allenfalls geduldet, nicht aber erwünscht[3]. Es bedarf einiger Chuzpe, sie mit einem Team bei den israelischen Leichtathletik-Meisterschaften antreten zu lassen. Aber damit nicht genug: Als dieses Team die Meisterschaften gewinnt, will der Schulleiter sie unbedingt als Israels offizielle Repräsentanten zu den Jugend-Weltmeisterschaften nach China fahren lassen. Von allen Seiten werden diesem Vorhaben Steine in den Weg gelegt. Doch Eli Nechama und sein Team lassen sich nicht aufhalten, sie kämpfen sich den Weg bis nach Peking frei. Dort triumphiert das Einwandererteam – und posiert mit umso stolzerem Lachen vor der israelischen Flagge.

*Das Leichtathletik-Team der Bialik-Rogozin-Schule in China*

Das Foto von den sechs schwarzen Leichtathletinnen zeigt der ganzen Welt: Schaut her, wozu diese Kids in der Lage sind. Sie sind zwar Außenseiter, können aber zu Gewinnern werden. Und es zeigt zugleich, dass der Mann, der ihnen zur Seite steht, sein hundertprozentiges Engagement mit einer fast unschlagbaren Gewitztheit in die Welt trägt. Eli Nechama ist ein Möglich-Macher, ein Um-die-Ecke-Denker, ein Kreativ-Feuerwehrmann, der auch dann noch Lösungen findet, wenn andere mit ihren Ideen schon längst am Ende sind. Und das Gelingen der China-Reise war in etwa so wahrscheinlich wie die Tatsache, dass er selbst überhaupt einmal Leiter einer Schule sein würde. »Das hätte ich nie im Leben gedacht«, sagt er. »Meine Lehrer würden sich im Grab umdrehen.«

Keine Frage, seine Besonderheit als Pädagoge kommt daher, dass er ein Quereinsteiger ist, einer, der keine Laufbahn als Schulbeamter hinter sich hat, sondern: vom Theater kommt. Eli Nechama ist ein sozial engagierter Mensch, der ganz ohne verbissenen Künstlerehrgeiz Karriere auf der Bühne machte und dann, von der magischen Hand glücklicher Lebensumstände gelenkt, zum Pädagogen wurde – und sich dabei eine ganz eigene Perspektive bewahrt hat.

»Ich betrachte das Ganze immer aus der Sicht eines Kindes. Was bedeutet es für ein Kind, acht oder neun Stunden in einem Klassenzimmer zu hocken?«

Dass Eli Nechama diese Schülerperspektive einnimmt, kommt nicht von ungefähr. Ein einschneidendes Erlebnis, das er selbst als kleiner Junge hatte, sitzt ihm bis heute im Mark. Es reicht zurück in die Zeit, als er die Grundschule besuchte, zehn Jahre alt, ein braungebrannter Bengel, der im Zentrum von Tel Aviv aufwuchs.

Man muss seine eigene Geschichte und die Geschichte seiner Eltern kennen, um den Vorfall richtig zu verstehen. Eli Nechamas Vater war als Halbwaise im Alter von sechs Monaten aus Griechenland nach Palästina gekommen. Es sind die 1930er Jahre; als Flüchtlingskind wächst er mit Vater und Bruder in ärmlichsten Verhältnissen auf, ganz in der Nähe der heutigen Bialik-Rogozin-Schule; man teilt sich, ähnlich wie die Schulkinder von heute, ein Appartement mit mehreren Familien. Als junger Mann lernt Nechamas Vater nach der Militärzeit in Jerusalem eine Frau kennen, die sieben Sprachen spricht. Ihr Vater stammt aus der Tschechoslowakei, ihre Mutter aus Marokko. Sie betreiben eine Apotheke und leben in völliger Eintracht mit den arabischen Nachbarn. Eli Nechamas Vater verliebt sich in die Tochter aus dem Apothekerhaus und handelt mit impulsiver Entschiedenheit. Er setzt die Frau kurzerhand auf sein Motorrad und braust mit ihr von Jerusalem nach Tel Aviv, wo er mit ihr eine Familie gründet und sein eigenes Versicherungsbüro aufbaut. Ein Selfmademan, einer, der es zu Wohlstand und einem gutbürgerlichen Leben bringt – und zu einer Tochter und zu zwei Söhnen, deren jüngerer Eli Nechama ist.

In der Familie herrscht damals das Credo: »Dies ist unser Land. Wir müssen alles für dieses Land geben.« Deshalb engagieren sich die Eltern neben der Arbeit ehrenamtlich, wo sie nur können. Der Vater, der es bei der Marine bis zum Offizier bringt, leitet die Marine-Pfadfinder. Die Mutter ist freiwillige Helferin beim Taubstummenverband. Sie beteiligen sich an Spendenaktionen, senden Lebensmittelkonserven. Es geht ihnen gut, das Haus steht Hilfsbedürftigen offen. Diese Hilfsbereitschaft, sagt Eli Nechama, »war eine zweite Natur von uns«. Es geht darum, »aufgeschlossen zu sein und sich anständig zu verhalten. Mit einem Wort: Es geht darum, ein Mensch zu sein. Das ist ein Wort, das wir zuhause immer gehört haben: Sei ein Mensch! Es spielt keine Rolle, was du bist oder tust: Hab Würde und Respekt! Sei höflich und denk nicht immer an dich selbst. *Te hié ben'adam*: Sei ein Mensch.«

Was dem Schuljungen Eli Nechama im Alter von zehn Jahren dann aber widerfährt, steht in völligem Widerspruch zu dieser Haltung. Das Ereignis wirft sein kindliches Weltbild über den Haufen. Er bekommt eine neue Klassenlehrerin, die ihn aus unersichtlichem Grund hasst. Bei jeder sich bietenden Gelegenheit herrscht sie ihn an: »Du mit den schwarzen Augen, raus aus der Klasse mit dir!«

Der Satz trifft den Jungen so hart, weil er ihn nicht begreift. Sagt ihm seine Mutter nicht jeden Morgen, dass er wunderschöne Augen habe und ein kluger, guter Junge sei? Hat sie ihn nicht immer Menschlichkeit gelehrt? Wie kann man einen Mensch wegen seiner Augenfarbe verbannen?

Der Satz ist wie ein Fluch, der ihn Tag und Nacht zu verfolgen beginnt: »Du mit den schwarzen Augen, raus aus der Klasse mit dir!« Er beginnt, sich an dem traumatischen Erlebnis abzuarbeiten. Er will, dass die Lehrerin ihn liebt, dass sie ihn wie die anderen Kinder behandelt. Nachts betet er unter der Bettdecke, dass Gott seine Augen heller machen möge. Doch wenn er am Morgen aufwacht und in den Spiegel schaut, scheinen ihm seine Augen nur noch schwärzer. Als er seiner Mutter von dem Ganzen erzählt, lacht sie gütig und bestärkt ihn mit einem Kuss: Alles wird gut. Worauf er einen neuen Plan entwickelt, eine Strategie, die nicht fehlschlagen kann: Er setzt sich in die letzte Reihe, zieht den Kopf ein und verbirgt seine Augen hinter seinen langen Haaren. Als die Schulglocke den Stundenbeginn einläutet, schließt er die Augen und hofft inständig, dass an diesem Tag alles anders sein möge. Doch dann kommt der tägliche Urteilsspruch und die Lehrerin wirft ihn aus der Klasse.

»Du mit den schwarzen Augen – raus aus der Klasse mit dir. Ich stehe auf«, erinnert sich Eli Nechama, »verlasse das Klassenzimmer, schließe hinter mir die Tür. Ich habe nie leicht geweint, aber in diesem Moment kommen die Tränen von ganz allein. Das habe ich niemals vergessen und niemals verziehen.«

Die Geschichte verfolgt Eli Nechama bis heute so sehr, dass er sie aufgeschrieben hat. Es ist ein pädagogischer Text, mit dessen Hilfe er bei Bildungskongressen seine Ideen veranschaulichen will. Aber wann immer er ihn vorträgt, verwandelt er sich zu einer Art Gedicht, einer Ballade, die das Trauerlied eines Kindes singt, das in seiner Einzigartigkeit nicht gesehen wird. Dieses Trauerlied ist mehr als eine persönliche Klage und Anklage, es ist auch der Abgesang auf ein Schulmodell, das ganz auf äußere Leistungen setzt und Prinzipien wie Strenge, Disziplin, Auswendiglernen und Strafe anwendet, um Leistungsziele zu erreichen. Eine Schule, reduziert auf Mathematik, Grammatik, Formeln, in der der Mensch als solcher keine Rolle spielt. Der Junge, der Eli Nechama war, kann mit solch einem Schulmodell nichts anfangen. Wahrscheinlich ist es das, was die Lehrerin spürt: Sie hält den Jungen mit dem lockigen Haar und den schwarzen Augen für einen Träumer oder, schlimmer noch, für einen Rebell.

Und tatsächlich rebelliert das Kind schon damals. Es weiß: »Eines Tages werde ich mich rächen!« Aber worin diese Rache bestehen wird, kann Eli Nechama noch nicht sagen. Schon immer bedient er sich seines schauspielerischen Talents und seiner emotionalen Intelligenz, aber dass auch diese Fähigkeiten etwas wert sind und nicht nur die Schulnoten, bei denen er schwächelt, das vermitteln ihm erst einige Ausnahmelehrer, die es inmitten der technokratischen Pauker auch gibt. Sie sind ganz anders als seine Klassenlehrerin und achten mit Empathie bei jedem Schüler darauf, worin dessen Fähigkeiten bestehen. Sie helfen ihm nicht nur dabei, das Kainsmal loszuwerden, das er wegen des verfluchten Satzes auf seiner Stirn spürt; sie geben ihm auch das Gefühl, dass er für die Fähigkeiten, die sich in ihm verbergen, geliebt wird. »Vielleicht«, sagt einer von ihnen, »solltest du Künstler werden. Oder Schauspieler.«

Es wird noch einige Jahre dauern, bis Eli Nechama zu verstehen beginnt, welche Wahrheit sich in dem Satz verbirgt. Und dass dies erst die halbe Wahrheit ist auf dem Weg, der zu seiner eigentlichen Berufung führt.

**3**

Erregte Stimmen dringen von draußen herein. Es hat geläutet und die erste Pause hat begonnen. Eli Nechama wirft einen Blick auf die Uhr. Gleich kommt der niederländische Botschafter mit einer Delegation. Im Sekretariat steht derweil ein weinender Junge, vielleicht acht Jahre alt. Es hat Streit mit einem anderen gegeben, der etwas abseits mit einer Lehrerin draußen im Flur steht. Es ist Devora Schlesinger. Sie schildert Eli Nechama den Sachverhalt. Fragende Worte, mitfühlende Gesten – es wird nicht ganz klar, wer wem zuerst Unrecht zugefügt hat, aber das ist letztlich auch nicht das Entscheidende. Es geht nicht so sehr darum, den Schuldigen zu finden, viel wichtiger ist es, Trost zu spenden.

Trost spenden – auch das muss Eli Nechama immer wieder. Das gilt selbst dann, wenn er einen Gast hat oder wenn eine Delegation vor der Tür steht. Schließlich: Solche Besuche sind an der Tagesordnung an der Bialik-Rogozin-Schule, ob es nun die Botschafter aus Frankreich oder England sind, ob der Wirtschaftssenator aus New York oder ein Vertreter von Google, ob die Aktivisten der Anti-Defamation-League oder die Repräsentantin einer großen Stiftung wie Liz Mohn[4].

Der Ruf der Schule ist mittlerweile um die Welt gegangen, viele wollen wissen, was das Geheimnis von Bialik-Rogozin ausmacht. Aber man kann dieses Geheimnis nicht als Formel auf einem Blatt Papier festhalten, man muss es erleben, muss es in Geschichten erzählen, muss das Wir-Gefühl spüren, in das man beim Betreten der Schule eintaucht. Eli Nechama steht nun im Sekretariat, das genauso eng wie sein eigenes Büro ist, und gibt den beiden Jungs noch ein paar halb tröstende, halb ermahnende Worte mit auf den Weg, dann ziehen diese zerknirscht von dannen, tauchen wieder ein in das pausentypische Tohuwabohu auf dem Flur.

Und was ist mit Phyllis? Was ist mit der zurückgewiesenen Schülerin, die darauf hofft, ihren Klassenkameraden nach Polen nachzureisen?

Zwei Stunden sind vergangen, und für das Problem mit ihren Papieren ist noch keine Lösung in Sicht. Sari Levy und die Kollegen im Sekretariat haben sich an alle erdenklichen Stellen gewandt, aber die Telefonate haben bisher das immer gleiche Ergebnis erbracht: Es war ein Behördenfehler. Trotz ihres Aufenthaltsstatus hätte sie für die Reise ein weiteres Dokument benötigt. Sari Levy, die zierliche Dame mit den rotblonden Haaren, bemüht sich weiter herauszufinden, wer ihr das Papier heute oder morgen noch ausstellen könnte.

Dann trifft der holländische Botschafter ein, ein hochaufgeschossener, freundlich lachender Mann von aristokratischer Lässigkeit, der einen Siegelring an der Hand trägt und seine Besuchergruppe in einem wunderbar niederländischen Englisch vorstellt. Eli Nechama empfängt ihn im Flur vor dem Sekretariat, inmitten einer Traube asiatischer, afrikanischer, arabischer Kinder. Er ruft die Kinder zur Ruhe, fordert sie auf, dem Botschafter das Land zu nennen, aus dem sie stammen. »Ghana«, meldet sich das erste, »Äthiopien«, das nächste, und so geht es weiter: »Philippinen«, »Jordanien«, »Eritrea«, »Nigeria«, »Türkei« ...

Als die Schule 2004 gegründet wurde, hatte sie nur 638 Schüler und Schülerinnen. Heute sind es 1.300. Dieser Anstieg bildet den demographischen Wandel der Stadt ab. Nicht nur, dass die Einwohnerzahl Tel Avivs von 2004 bis 2015 von 364.000 auf 470.000 Menschen wuchs. Der Ausländeranteil *verzwölffachte* sich in diesem Zeitraum sogar, von 5.000 auf 67.000 Menschen[5].

Insofern ist es nicht erstaunlich, dass die Schule Kinder aus 51 Nationen unterrichtet, von der 1. bis zur 12. Klasse. Sie haben die unterschiedlichsten Religionszugehörigkeiten und stammen aus Ethnien, die in ihren Heimatländern teilweise verfeindet sind. Nur 43 % der Schüler und Schülerinnen haben einen israelischen Pass. Mittlerweile stammen sie fast ausschließlich aus Gastarbeiterhaushalten, die mit 76 % die weitaus größte Gruppe an der Schule bilden. Die meisten von ihnen sind Philippinos. Nur eine Handvoll der Kinder sind angestammte Israelis. Sie kommen zumeist aus sozial schwachen arabischen Familien. Jüdische Kinder, auch aus Einwandererfamilien, gibt es ebenfalls nur wenige.

Dagegen beträgt der Anteil der Flüchtlingskinder mittlerweile 24 %. Der Großteil von ihnen stammt aus Darfur und Eritrea. Sie haben alle keine israelischen Pässe, und für fast alle gilt, dass ihre Eltern ihre Aufenthaltserlaubnis alle drei Monate verlängern lassen müssen. Entsprechend schlecht sind die finanziellen Verhältnisse der Familien, da die Eltern sich nur mit

»McJobs« über Wasser halten können, also, wenn überhaupt, nur befristete und schlecht bezahlte Anstellungen bekommen. Über 60 % der Schülerfamilien sind auf Unterstützung von sozialen Einrichtungen angewiesen. Und über 55 % der Kinder haben nur einen Elternteil, weil der andere nicht einreisen durfte oder abgeschoben wurde. Genau deshalb übernimmt die Schule die Funktion eines zweiten Zuhauses und hat ihre Türen vom frühen Morgen bis in den Abend hinein geöffnet. Das wäre nicht ohne die 340 ehrenamtlichen Helfer möglich und nicht ohne die vielen Stiftungen und Organisationen, die die Schule mit ihrer Hilfe und ihrem Geld unterstützen.

*Eli Nechama demonstriert seine Künste beim »Kendama«.*

Auf dem Flur bestürmen die Kinder nun Eli Nechama, ein Spiel mitzuspielen: »Kendama« heißt es, ein Geschicklichkeitsspiel, bei dem man eine Holzkugel, abwechselnd mit zwei kleinen Kegeln, die auf einem Stab angebracht sind und an dem auch die Kugel mit einer Schnur befestigt ist, auffangen muss. Immer wieder schleudern die

Kinder die Kugel in die Luft, immer wieder misslingt der Auffangversuch. Eli Nechama feuert sie an, nimmt dann selbst das Holzspielzeug in die Hand. Er ist jetzt wie ein Artist, der in der Zirkusarena zu einem Kunststück ansetzt, man kann den Trommelwirbel förmlich hören. Gebannt starren die Kinder auf die Hände des Schulleiters. Eli Nechama rollt die Augen, setzt an, die Kugel rotiert in der Luft und landet, Crescendo des Trommelwirbels, mit meisterlicher Selbstverständlichkeit auf dem Kegel. Beeindruckte Kinder, ein nicht minder beeindruckter niederländischer Botschafter. Eli Nechama gibt den Kindern das Spielzeug zurück und begibt sich mit dem Staatsgast auf den Rundgang durch die Schule.

Auch das gehört zu Eli Nechama und der Art, wie er die Bialik-Rogozin-Schule begreift: Er versteht sich als Zirkusdirektor oder Intendant eines Schauspielhauses, der seine Schule wie ein großes, spektakuläres Theater leitet. Natürlich, nicht jeder ist zum Entertainer geboren, und künstlerisches Talent kann man nicht erlernen, das hat man im Blut. Aber Eli Nechama demonstriert, dass man als Schulleiter nicht seine Autorität verliert, wenn man nahbar ist, wenn man mit den Schülern herumalbert, wenn man geliebt wird. Zumal wenn dieses spielerisch heitere Moment sich als Antwort auf die Lebensschicksale und Traumata der Schüler versteht. In Eli Nechamas komödiantischer Art ist etwas von der Traurigkeit eines Clowns, der sich in die Seelen der Kinder einfühlt, mit denen er sein Schultheater macht.

Dieses Wissen geht auf Erfahrungen nach seiner Schulzeit zurück. Als er zum Militär eingezogen wird, ist es für ihn ganz selbstverständlich, dass er sich dort bei einer der Entertainergruppen bewirbt. Trotz des Patriotismus, den die Familie pflegt, trotz der militärischen

Tradition, die Vater und Bruder als Marineoffiziere vorleben, kann der achtzehnjährige Eli mit einer normalen Soldatenlaufbahn wenig anfangen. In den 1970er Jahren hat er manche jungen Männer aus der Nachbarschaft in Kriege ziehen sehen, aus denen diese nicht zurückkamen. Also leistet er seine Wehrpflicht auf der Bühne ab und tritt vor den anderen Soldaten auf.

Umso undenkbarer erscheint es ihm, nach der Armeezeit, wie seine Mutter ihn beschwört, in das familiäre Versicherungsgeschäft einzusteigen. Stattdessen schreibt er sich an der Universität Tel Aviv für Psychologie, Erziehungswissenschaften und Schauspielunterricht ein. In einem Theaterworkshop unterrichtet ihn eine berühmte Vertreterin der gesellschaftlich engagierten Theaterarbeit, Nola Chilton. In den USA und in Israel hat sie Dokumentartheater mit Gefängnisinsassen gemacht. Sie ist es, die Eli Nechama vehement – geradezu gegen seinen Willen – ins Schauspielfach drängt.

»Sie rief mich zu sich und sagte«, er ahmt ihren exaltierten Ton nach: »Hör zu, du *musst* Schauspieler werden. Jemand, der so *verdammt* talentiert ist. Sie hatte etwas Furchterregendes an sich, wie sie mich geradezu dazu zwang. Ich sagte: Ich will kein *Schauspieler* werden – wenn schon, dann Regisseur. Okay, antwortete sie, dann werde Regisseur. Aber vorher wirst du Schauspieler, denn dann wirst du ein umso *besserer* Regisseur sein.«

Nach einem Semester wirft Eli Nechama Psychologie und Erziehungswissenschaften über Bord und schreibt sich ganz auf der Schauspielfakultät ein. Drei Jahre fokussiert er sich vollständig auf die Ausbildung, hat vom ersten Moment an Erfolg, übernimmt sofort Hauptrollen. Zum Entsetzen seiner Eltern. »Meine Eltern waren absolut schockiert. Aber in ihrem Inneren wussten sie, dass das mein Weg ist.«

Obwohl ihm eine Karriere am Theater und beim Film vorgezeichnet ist, beginnt er, sich parallel zur klassischen Schauspielarbeit dem sozial engagierten Theater zuzuwenden. Zuerst macht er Theater in einem psychiatrischen Krankenhaus, dann beginnt er, in Gefängnissen zu arbeiten, mit Schwerverbrechern oder Drogenabhängigen. Eigentlich will er nur mehr über diese Menschen erfahren, will von ihnen etwas für seine Schauspielkunst lernen. Dann aber macht er die Erfahrung, dass diese Menschen nach seinen Theaterworkshops geradezu hungern.

Die Theater- und Filmwelt draußen, in der ihm die Erfolge nur so zufallen, erscheint ihm mit den Jahren immer oberflächlicher. »Das ganze Showbusiness kam mir zunehmend leer und bedeutungslos vor. Es besaß nicht die Fähigkeit, etwas zu verändern.«

Als er mit dreißig Vater wird, beginnt Nechama, in Schulen Theaterworkshops anzubieten. Oft inszeniert er Musicals und Schulevents. Wieder sucht er sich Orte aus, die aus dem Rahmen fallen, wieder sind es Theaterformen, die besonders integrativ sind. Eine der Schulen ist voll von russischen Immigranten. Hier, an der Shevach-Mofet-Schule, lernt er eine Lehrerin kennen, die für die sozialpädagogische Betreuung der Schüler zuständig ist. Es ist Sari Levy, beide haben einen guten Draht zueinander. Anfangs fasziniert ihn die Herausforderung, die die Immigranten darstellen. Zunehmend stellt er aber fest, dass weder sie noch ihre russischen Lehrer sich um Israel scheren, ja, dass sie auf ihn, den Einheimischen, im Grunde herabsehen.

»Die angestammte Bevölkerung war geradezu verjagt worden, es war eine Art Eliteschule russischer Immigranten entstanden, die zu Israel nicht die geringste Beziehung hatten. Sie sprachen russisch untereinander und kamen sich als etwas Besseres vor. Zum ersten Mal merkte ich, dass ich eine Vision besaß und etwas über Erziehung zu sagen hatte. Ich ging zum Schulleiter, klopfte auf seinen Schreibtisch und sagte ihm: Wenn keiner deiner Schüler am Gedenktag für die israelischen Soldaten teilnehmen will – dann ist dies keine Schule. Und im selben Moment entschloss ich mich zu kündigen.«

Das ist der Moment, in dem Eli Nechama begreift, worum es ihm geht. Jetzt wird ihm klar, wie er alles zu einem Ganzen fügen kann. Er will nicht mehr der Schauspieler sein, der »im Traum von jemand anderem« eine Rolle übernimmt, wie er sagt, er will selbst »der Träumer« sein, der seine Vision auf die Weltbühne bringt. Doch diese Bühne ist nicht die des Theaters oder des Films. Es ist die Schule. Plötzlich hat er ein klares Ziel vor Augen: Er will Schulleiter werden. Nicht nur Lehrer sein, nicht nur Leiter einer Theaterklasse – er will selbst eine Schule leiten. Also beginnt er seine zweite Ausbildung und studiert am Lesley College Tel Aviv »Integrating Art in Education«.

»Ich suchte nach dem größeren Zusammenhang. Ich wollte etwas schaffen. Ich wollte die Dinge beeinflussen.«

Schon damals hat sich seine Arbeit bis ins Bildungsministerium herumgesprochen. Er wird in das Schulmanagementprogramm der Universität Tel Aviv aufgenommen. Ein Jahr später wird er Schulleiter der A.D. Gordon Schule. Es ist eine einzigartige Schule in Nord-Tel Aviv, gleich am Yachthafen gelegen, die sich das Motto »Demokratie für Kinder« auf die Fahnen geschrieben hat. Ihr integratives Konzept, das von den Werten der Kibbuzbewegung abgeleitet ist, sieht unter anderem vor, dass blinde Schüler am klassischen Schulalltag teilnehmen.

Während der sieben Jahre, die Eli Nechama dort wirkt, verändert sich einige Kilometer weiter südlich das

Gesicht von Tel Aviv gewaltig. In der Nähe des berüchtigten Busbahnhofs (siehe hierzu das Kapitel »Eine Welt im Wandel«) stranden immer mehr Flüchtlingsfamilien mit ihren Kindern. Die Schule, die in diesem Viertel liegt, nimmt sich als kombinierte Grund- und Hauptschule der Einwanderer an. Ihr Name: Bialik-Rogozin-Schule. Ab 2004 formt die israelische Pädagogin Karen Tal deren Konzept, macht Lobbyarbeit, verschafft der Schule einen gesellschaftlichen Platz. 2011 gewinnt der schon erwähnte Dokumentarfilm *Strangers No More*, der den außergewöhnlichen Schulalltag porträtiert, in Hollywood den Oscar als »Beste Kurzdokumentation«[6] und trägt den Ruhm der Schule in die Welt hinaus. Von nun an ist die Bialik-Rogozin-Schule ein politisches Symbol, auf das man in Amerika und Europa blickt.

Als Karen Tal 2011 beschließt, eine Bildungsorganisation zu gründen, bei der sie ihre Erfahrungen landesweit einbringen kann[7], gibt es eigentlich nur einen, der ihr Nachfolger werden kann: Eli Nechama. Nun ist der Mann mit den dunklen Augen, der sich als Kind für die erlittene Zurückweisung so sehr rächen wollte, genau an der Position angekommen, die ihm auf den Leib geschnitten ist. Hier kann er seine Theatererfahrung in die Erziehungsarbeit einbringen, hier kann er das Menschenbild aus seinem Elternhaus weitergeben, hier kann er seine Vision für schulische Erziehung umsetzen. Hier kann er seiner früheren Klassenlehrerin eine Antwort entgegenschleudern und seine Demütigung in Stärke verwandeln. Es ist eine süße Rache: Er will und wird seine Schüler als Menschen behandeln.

Eli Nechamas Vision ist eine Schule der Menschlichkeit, die einem humanistisch-kreativen Imperativ gehorcht: Mach die Schule zu einem riesigen Theater, in dem alle mitspielen und sich entfalten können, als wäre es ihr Zuhause. Unabhängig von den Schwierigkeiten, die ihnen aufgrund ihrer Herkunft mitgegeben sind, kann hier jeder erspüren, worin sein Talent besteht. »Sei zuerst ein Mensch«, sagt er. »Das ist wichtiger als Mathematik.« Denn wer ein guter Mensch ist, wird auch ein guter Mitbürger.

## 4

Der niederländische Botschafter verfolgt im Ballettsaal mit strahlendem Gesicht eine mitreißende Tanzchoreographie. Wenn die Sechsjährigen in ihren glitzernden, klingelnden Kostümen zu genau einstudierten Schritten herumhüpfen, springt die Energie dieses Freudentanzes unweigerlich auf den Betrachter über. Orientalischer Tanz ist aber nur eine Stilrichtung, die die Kinder üben; auch israelische Folklore und afrikanische Volkstänze gehören dazu. Tanzunterricht ist eine der pädagogischen Geheimwaffen, die Eli Nechama an der Schule einsetzt. Gerade erst hat er eine Tanzlehrerin eingestellt, die selbst das fröhliche Crossover der Kulturen verkörpert. Die gebürtige Tel Aviverin Gonny Shoham ist nämlich seit Kurzem mit einem afrikanischen Musiker verheiratet, der selbst als Flüchtling nach Israel kam, und trägt nun seinen Nachnamen Negamba.

Bei einem anderen Tanzprojekt, bei dem Standardtänze geprobt werden, greift Eli Nechama eine Initiative auf, die aus New York stammt und dort unter dem Titel »New York Is Dancing« riesigen Erfolg hatte. Natürlich geht es auch dabei weniger um das Erlernen von Standardtänzen als um die Herstellung eines Gemeinschaftsgefühls. Um die Kids anzuspornen, gibt es auch einen Wettbewerb, bei dem die Tanzgruppen sich vorstellen. Eli Nechama wäre nicht Eli Nechama, wenn er seine Kinder dort nicht hätte teilnehmen lassen. Resultat: Schon im ersten Jahr gewannen sie den Tanzwettbewerb in ihrem Bezirk.

Das ist es, was er den Kindern – und übrigens auch den Eltern – auf so vielen Feldern wie nur möglich verschaffen will. Das Gefühl: Ihr könnt Erfolg haben.

Das ist die zweite seiner fünf großen pädagogischen Leitlinien, die er an diesem Tag auch dem niederländischen Botschafter erklärt: »Streben nach Exzellenz«. Übersetzt heißt das: In jedem Menschen schlummert eine verborgene Stärke, die es zu entdecken und die es zu fördern gilt, denn auf diese Stärke soll sich ihr Selbstbewusstsein gründen. Dies überträgt sich auch auf die schulischen Leistungen. An der Bialik-Rogozin-Schule erlangen 96 % der Schüler die Hochschulreife, während der israelische Landesdurchschnitt nur bei 53 % liegt. Die gruppendynamisch unterschiedlichen Kunst-, Kultur- und Mitmach-Projekte, die Eli Nechama an der Schule initiiert hat, dienen also zwei Zielen: Zum einen fördern sie die soziale Kompetenz der Kinder, und zum anderen loten sie deren individuellen Fähigkeiten aus. Letztere werden weiter gefördert, und zwar auch im öffentlichen Raum. Denn Eli Nechama möchte, dass die Kinder mit ihren Fähigkeiten auch in der israelischen Gesellschaft gesehen werden.

Konsequent werden in dieser Hinsicht alle möglichen Felder »bespielt«, wie auch der Botschafter bei seinem Rundgang an diesem Morgen erlebt. Neben dem Tanz gibt es klassische Musik. Vier Mitglieder der israelischen Philharmonie kommen regelmäßig in die Schule, um zusammen mit der Musiklehrerin Musikunterricht zu geben, ehrenamtlich, versteht sich. An den Wänden hängen die ausgeschnittenen Konterfeis berühmter Komponisten: Bach, Beethoven, Tschaikowsky. Die Kinder spielen bei den Liedern pantomimisch mit.

*Musikunterricht mit den Philharmonikern*

Im Freien gibt es den »Garten rund um die Welt«. Er liegt in einem ehemals grauen Nebenhof an der Schulmauer, in dem jetzt Beete mit bunt blühenden Pflanzen angelegt wurden. Die Schüler haben sie mit den Lehrern selbst gepflanzt, ein Projekt, bei dem es nicht nur um das konkret Botanische geht, sondern auch um das Symbolische: Jede der Pflanzen hat selbst einen Migrationshintergrund, ist irgendwann von einem fernen Kontinent nach Israel gebracht worden, um hier Wurzeln zu schlagen. Die hebräischen Holzschilder verdeutlichen das. Baum-Strelitze aus Südafrika; großblütige Thunbergia aus Indien; Brunfelsia latifolia aus Brasilien. So stiftet die Erzählung, die sich an das Projekt knüpft, Identität und gibt den Kindern die Möglichkeit, bei der Gestaltung des Gartens, der mit Mitteln der deutschen Bertelsmann Stiftung angelegt wurde[8], selbst »aufzublühen«. In dieselbe Richtung geht, in einem anderen Nebenhof, der neu angelegte Streichelzoo mit verschiedenen Tieren aus aller Welt.

Und dann ist da natürlich die Bibliothek mit dem Sprachlabor, wo auch die große Google-Galaxy-Station steht, ein dreimal drei Meter großer Halbkreis aus schwarzen Monitoren, der aus der Zusammenarbeit mit dem Internetkonzern erwachsen ist. In der Google-Galaxy können sich viele der Kinder, die in Israel geboren sind, zum ersten Mal ein Bild ihrer Herkunftsländer machen: »Wir unterrichten sie in kleinen Gruppen in Hebräisch, in Doppelstunden. Es sind Spezialklassen, für die wir sie aus dem normalen Unterricht herausnehmen. Danach integrieren wir sie dort wieder. Normalerweise beginnt der Englischunterricht in Israel ab der ersten Klasse. Bei uns lernen sie Englisch ab der vierten. Und ab der 7. Klasse lehren wir sie zusätzlich neun ihrer Muttersprachen.«

Ihre Muttersprachen? Wozu? Sollen die Kinder nicht ihre Herkunftskultur hinter sich lassen, um sich in der israelischen Gesellschaft voll zu integrieren? Ist das nicht jene falsch verstandene Multikulti-Romantik, die in Deutschland zur Ausbildung der berüchtigten Parallelgesellschaften geführt hat?

Nein, sagt Eli Nechama. Und er hat dafür triftige Gründe. Genau wie der »Garten rund um die Welt« und die Tänze aus den verschiedenen Kulturkreisen ihnen ein Bewusstsein für die positive Seite von Migration vermitteln sollen, ist er der Überzeugung, dass funktionierende Integration nicht gelingen kann, wenn die Herkunftskultur der Menschen unterdrückt wird. Im Gegenteil: Wer als Einwandererkind eine gesunde Identität entwickeln will, muss nicht nur die Sprache des Landes beherrschen, in der er aufwächst, sondern auch etwas über die kulturelle Grammatik wissen, aus der er stammt. Die Kinder, selbst wenn sie in Israel geboren sind, sollen nicht wurzellos aufwachsen. Sie sollen ein

Gefühl für ihre Herkunft behalten, sollen in beiden Kulturen beheimatet sein[9].

Diese Überzeugung hat Eli Nechama allerdings nicht bei akademischen Gedankenspielen und in schöngeistigen Integrationsträumereien gewonnen – sie ist ihm durch eine schmerzliche Schockerfahrung nahegebracht worden, die seinen Amtsantritt an der Bialik-Rogozin-Schule begleitete. Damals, kaum dass er im Sommer 2011 sein Büro bezogen hat, wird die oscar-prämierte Schulidylle nämlich aus heiterem Himmel vom Donnerschlag einer Abschiebungswelle getroffen. Kinder aus südsudanesischen Familien sollen, wie Eli Nechama es nennt, »deportiert« werden – von einer Woche auf die andere.

Was ist passiert? In einem Unabhängigkeitsreferendum hat sich der Südsudan im Juli 2011 vom Sudan abgetrennt, ein Prozess, der von UN-Soldaten begleitet wird[10]. Die Vereinten Nationen stufen den neuen Staat als sicheres Herkunftsland ein. Selbst Kinder, die in Israel geboren oder aufgewachsen sind, müssen das Land und die Schule, die für sie das Zuhause geworden ist, verlassen. Eli Nechama, frisch gekürter Leiter der Vorzeigeschule, ist schwer getroffen.

»In dieser Situation fühlte ich mich wie ein Befehlshaber im Krieg. Es war ähnlich schrecklich wie die Situation, als ich als Schulleiter der A.D. Gordon Schule mitten in den Ferien, um sechs Uhr morgens, mitgeteilt bekam, dass zwei meiner Schulabgänger bei einem Bombenanschlag in Netanya getötet worden waren. Niemand hat einem beigebracht, wie man mit solchen Dingen umgeht, aber plötzlich stellt man fest: Man weiß es genau. Wir werden angegriffen.«

Eli Nechama ruft die Eltern zusammen, schmiedet Pläne mit den Lehrern, lanciert Botschaften an die

Presse. Der engagierte Kampf mündet in eine zermürbende Hängepartie. Im Jahr nach seinem Amtsantritt muss Eli Nechama erkennen, dass ihm in Bezug auf die Ausweisung der südsudanesischen Kinder die Hände gebunden sind. Er trifft mit der Polizei die Vereinbarung, dass keine Beamten in die Schule eindringen und Gewalt anwenden. Stattdessen begleitet er, zusammen mit seinen Lehrerkollegen, die Familien zum Busbahnhof von Tel Aviv, ein schmerzhafter, bewegender Abschied. Die Kinder kehren in eine vermeintliche »Heimat« zurück, die sie überhaupt nicht kennen und deren Sprache sie nicht sprechen.

Dass die politische Entscheidung, die hinter dieser »Rückführung« steht, letztlich auf höchster Ebene der Staatengemeinschaft getroffen wurde, macht diese »Deportation« nicht besser, erst recht nicht, wenn man aus heutiger Perspektive weiß, dass im Südsudan längst wieder Bürgerkrieg herrscht. Ausländische Bürger werden von ihren Regierungen aufgrund der angespannten Sicherheitslage ausgeflogen. Aber die abgeschobenen Kinder und Familien – holt auch sie jemand zurück ins sichere Asyl? Natürlich nicht. Es sind der Schulleiter der Bialik-Rogozin-Schule und sein Team, die ihnen zu helfen versuchen, wenigstens nach Uganda zu gelangen.

Es ist diese schmerzliche Erfahrung, die Eli Nechama sein drittes großes Leitprinzip aufstellen lässt: »Multikulturelle Erziehung«. Es geht ihm darum, den Schülern neben einer starken Verbindung zur israelischen Gesellschaft und deren Werten auch ein elementares Wissen über ihre Herkunftskulturen zu vermitteln. Wenn es dazu kommt, dass sie in ihre Ursprungsländer heimkehren wollen oder müssen, sollen sie auch deren Sprachen sprechen.

Diese multikulturelle Erziehung ist für Eli Nechama übrigens keine Einbahnstraße. Er selbst eignet sich auch ein Basiswissen der wichtigsten neuen Einwanderersprachen an. Gerade das Arabische ist ihm dabei wichtig. Das liegt nicht nur an der besonderen Spannung, die zwischen Israel und dem arabischen Raum besteht. Es liegt auch an seiner eigenen Familienabstammung, an der marokkanischen Linie seiner Mutter.

Wie gut sich damit bei arabischen Jugendlichen punkten lässt, hat er bei einem Erlebnis in Deutschland gemerkt. Als er 2015 zur Anbahnung der Schulpartnerschaft an die UNESCO-Schule in Essen fährt, wird der israelische Schulleiter prompt von arabischen Kids auf dem Schulhof gestellt. Sie wollen dem Besucher aus dem jüdischen Staat mal richtig die Meinung geigen.

»Das Erste, was ich ihnen sagte, war, dass meine Großmutter aus Marokko stammt. Dann habe ich ihnen fünf Sätze auf Arabisch gesagt«, meint er mit diebischer Freude. »Daraufhin waren wir wie Brüder und Schwestern.«

## 5

Doch wie steht es um das Thema »Leitkultur«? Müssen nicht klare Prioritäten bei der Erziehung gesetzt werden? Geht es nicht um die kulturelle Einbürgerung von Migranten, denen die gesellschaftlichen Standards der Mehrheitsgesellschaft deutlich gemacht werden müssen? Wie wird dem Multikulti-Relativismus Einhalt geboten, der oft dazu führt, dass sich tradierte fundamentalistische Einstellungen still und heimlich über demokratische Grundwerte erheben?

Als der niederländische Botschafter an diesem Vormittag aus dem Sprachlabor tritt und mit seiner Delegation zum Ausgang zurückläuft, ist es unverkennbar: Auch er ist längst angesteckt vom Geist der Ausnahmeschule, auch er hat nun dieses leicht verklärte Bialik-Rogozin-Gesicht. Keine Frage: Wenn es Fan-T-Shirts der

Schule gäbe, so wie es sie von Harvard oder vom FC St. Pauli gibt, würden sich die Dinger unter Politikern und Bildungsexperten, die die Schule besucht haben, wie warme Semmeln verkaufen.

Trotzdem: Löst die sanfte humanistische Theater-Pädagogik wirklich alle Probleme? Muss man von Zeit zu Zeit nicht auch mit harter Hand durchgreifen?

Eli Nechama zupft einer Schülerin, die auf einer Bank sitzt, nachdrücklich an der Kapuze ihres Kapuzenpullovers und wartet mit strengem Blick ab, bis sie sie abnimmt. Das ist die andere Seite der Multikulti-Erziehung von Eli Nechama: dass er klare Regeln aufstellt, an die sich alle zu halten haben. Eine ganz banale, die dazu gehört, besagt: Kopfbedeckungen, die die Augen der Kinder verdecken, sind an der Schule untersagt. Das hat nichts mit Religion zu tun. Er will, dass die Kinder ihr Gesicht zeigen.

Als ein Neunt- oder Zehntklässler angeschossen kommt und an der Delegation vorbeifegt, bringt Eli Nechama den Burschen mit einem energischen »Stopp!« zum Stehen. Der junge Mann friert auf der Stelle ein, als hätte ein Fußballschiedsrichter schrill ein Foul abgepfiffen, und macht reumütig kehrt.

»Als ich an die Schule gekommen bin, gab es viele Unfälle«, erklärt Eli Nechama dem Botschafter. »Die Kids sind gerannt und hingefallen. Deshalb habe ich beschlossen, dass es eine Strafe gibt, wenn einer rennt. Ich halte ihn an, er muss mir Bericht erstatten und sagen, was er falsch gemacht hat, dann muss er zehn Schritte zurückgehen, bis er weitergehen darf.«

Auf den ersten Blick möchte man nicht glauben, dass der oft so komödiantische Schuldirektor mit dieser Schiedsrichterautorität durchkommt. Aber tatsächlich, auch jetzt tritt der Angehaltene mit einem reumütigen

Lächeln zu ihm und beantwortet seine Fragen, ehe er im Schritttempo seiner Wege zieht.

»Manchmal bin ich wütend auf die Kids, kann sie nicht mehr sehen. Aber selbst wenn ich streng bin, sage ich ihnen: Nun umarme mich erst mal. Warum habe ich dich angeschrien? Weil ich dich liebe. Wenn du rennst, fällst du hin – und dann? Ja, ich glaube, sie wissen ganz genau, wie sehr ich sie liebe.«

Strenge, die auf Liebe basiert. Herzenswärme, die ohne klare Ansagen nicht auskommt. Das ist das Geheimnis der Autorität, die der Intendant des großen Mitspieltheaters bei all seiner Menschlichkeit besitzt. Die Kinder spüren: Eli Nechama meint es ernst. Wenn er sie fordert, dann, weil er ihnen wirklich helfen will.

»Ich will keine Israelis oder Juden aus ihnen machen. Sie sollten nicht einmal hier in Israel sein, aber da sie es nun mal sind, müssen wir sie so unterstützen, dass sie gegen alle Widerstände, die es gibt, in der Gesellschaft aufgenommen werden. Sie müssen lernen, wie sie sich zu verhalten haben, und sollten einbezogen werden, mehr noch als die israelischen Kinder.«

Das ist seine vierte Leitlinie: »Gesellschaftliche Einbeziehung«. Die Kinder sollen sich an die Regeln der israelischen Gesellschaft halten und sich in diese einbringen. Sowohl in ihrem lokalen Umfeld wie auch in der Gesamtgesellschaft sollen sie eine aktive Rolle spielen. Dazu sollen sie an der Schule nicht nur befähigt, sondern konsequent ermutigt werden.

In grundlegende Zielsetzungen gefasst, bedeutet das: Die Kinder sollen so ausgebildet werden, dass sie eine sinnvolle Arbeit ergreifen und ausüben können, sie sollen ein Zugehörigkeitsgefühl zur israelischen Gesellschaft ausbilden und sie sollen die Persönlichkeit und die Fähigkeiten entwickeln, die es braucht, um später eine eigene gesunde Familie haben zu können. Ihnen sollen die Werte der israelischen Gesellschaft vermittelt werden, was vor allem heißt: Gewaltverzicht und Respekt. Sie sollen am Ende des Schulbesuchs ein Abschlusszeugnis in der Tasche haben, das ihnen eine Chance auf dem Arbeitsmarkt gibt. Und sie sollen, sofern der Staat sie lässt, am Militärdienst teilnehmen.

Aber wie soll das gehen, wenn sie zuhause mit ganz anderen Regeln konfrontiert sind? Wenn ihre Eltern ihnen eine andere Kultur vorleben oder selbst weder Sprache noch Werte des neuen Heimatlandes kennen?

Richtig: Indem auch die Eltern in den Erziehungsprozess mit einbezogen werden. Für Eli Nechama bedeutet das, nicht nur Appelle zu formulieren oder Dialogangebote zu machen, es bedeutet, dass die Eltern selbst Sprach-, Kultur- und Werteunterricht erhalten. Deshalb verwandelt sich Bialik-Rogozin ab sechs Uhr abends in eine Abendschule, die die Eltern besuchen können. Auch ihnen gegenüber spricht Eli Nechama eine deutliche Sprache:

»In Israel ist es per Gesetz verboten, die Kinder zu schlagen. Ich sage also den Eltern klipp und klar, dass sie das nicht dürfen. Und ich sage es den Kindern: Wenn Vater oder Mutter euch schlagen, lasst es uns wissen. Dann setzen wir uns mit dem Sozialdienst in Verbindung. Aber natürlich kann ich nicht immer nur Verbote aussprechen. Deshalb habe ich für die Eltern die Abendschule eingerichtet, um ihnen beizubringen, wie sie sich in Israel zu verhalten haben.«

Wenn er sich den Eltern zuwendet, setzt Eli Nechama ebenfalls nicht auf die Old-School-Erziehung, geprägt von Strenge und Strafe, sondern auf die Pädagogik von Theater und Entertainment. Um sie emotional an die Schule zu binden, hat er einen Chor gegründet – mit einem wunderbar ironischen Namen. Nach dem Vorbild des legendären amerikanischen Quartetts, das in den 1960er-Jahren mit Titeln wie »Monday, Monday« und »Dream a Little Dream of Me« Welthits landete, hat er den Chor der Einwanderereltern »The Mamas and the Papas« genannt.

*The Mamas and the Papas*

Und damit ist man wieder beim Zirkuscharakter der Schule, beim großen Mitspieltheater, das Eli Nechama geschaffen hat: Wenn sich die »Mamas and Papas« in einem kleinen Tonstudio in der Nachbarschaft treffen, um die Songs für das anstehende Karnevalsfest aufzunehmen, dann bekommt ihre »gesellschaftliche Einbeziehung«, ihre Teilnahme am Integrationsunterricht, eine zauberhafte Komik. Zehn Männer und Frauen aus Afrika und Asien, die hebräische Purim-Lieder singen: Da feiert die Bialik-Rogozin-Schule den Karneval der Kulturen.

Genau den veranstaltet die Schule jedes Jahr: wenn sie bei einem bunten Kostümumzug durch die Straßen von Süd-Tel Aviv zieht und den Kindern und Eltern eine riesige, öffentliche Bühne verschafft. Sogar die Polizei, vor der alle an der Schule Angst haben, wird dann integriert und darf mitspielen. Eli Nechama ist es gelungen, das Polizeiorchester als Teilnehmer des Karnevals-Umzugs zu gewinnen. Was für ein symbolträchtiges Bild, was für eine aufgeladene Show: Die Polizei bläst den Einwandererkindern mit Pauken und Trompeten den Integrations-Marsch, die Kinder tanzen, die »Mamas and Papas« singen ihre Karnevalslieder.

*Eli Nechama dirigiert an Purim das Polizeiorchester.*

Und die Tel Aviver bleiben auf der Straße stehen, hängen in den Fenstern, und während sie mit offenen Mündern staunen, erscheint auch bei vielen von ihnen das Bialik-Rogozin-Leuchten in den Augen.

**6**

Es ist Nachmittag, Schreie hallen über den Sportplatz der Schule. Der Sportlehrer erteilt seinen jungen Leichtathleten Anweisungen. Es sind Weitspringer,

Dreispringer, Sprinter und Langenstreckenläufer dabei. Beim Kugelstoßen legt sich eine junge Frau besonders ins Zeug. Sie ist schwarz, kräftig und zeigt nach ihrem letzten Versuch ein breites weißes Lachen. Es ist Phyllis, das Mädchen, das zwei Nächte zuvor nicht mit auf die Polenreise fahren durfte.

Was auch immer Eli Nechama, Sari Levy und die anderen versucht haben, es war unmöglich, für sie kurzfristig das erforderliche Zusatzvisum zu erlangen. Die zuständige Behörde hat vor einigen Wochen einen Fehler gemacht. Der Aufenthaltstitel, den Phyllis besitzt, ähnelt optisch dem Dokument, über die ihre reisenden Mitschüler verfügen. Deshalb ist den Behördenmitarbeitern bei der Gruppenbearbeitung nicht aufgefallen, dass Phyllis einen anderen Status hat. Erst die Argusaugen der Flughafenkontrolleure haben erkannt, dass sie ein zusätzliches Visum benötigt, das in einem langwierigen bürokratischen Prozess genehmigt werden muss.

Nun hat sich Alon Bezalel ihrer angenommen, der Sportlehrer, der das Leichtathletik-Team zusammen mit Eli Nechama nach China begleitet hat. Er weiß, wie groß das integrative Potenzial des Schulsports ist. Auch seine Arbeit ist ein Paradebeispiel für das Leitprinzip »Exzellenz«. Er ist seit zwanzig Jahren Sportlehrer und hat beim demographischen Wandel der Schülerschaft mit Verblüffung festgestellt, dass die Einwanderer-Kinder, je nach Herkunft, besondere sportliche Fähigkeiten haben. Diese individuellen Begabungen nimmt er genau in den Blick. Kinder aus West-Afrika, sagt er, sind oft gute Langstreckenläufer, während die Schüler von der Elfenbeinküste oder aus Nigeria oft gut in Sprungdisziplinen oder im Fußball sind. Aber natürlich schaut er sich jeden Einzelnen an, schickt ihn gemäß seiner Begabung in einen Fußball- oder Basketballverein, ist dabei auch Ansprechpartner für die Eltern.

Auch für ihn zählt Leistung, aber noch wichtiger ist für ihn die soziale Funktion des Sports: Weil viele Eltern morgens um fünf das Haus verlassen und erst abends um zehn zurückkommen, gibt der Sport den Kindern, gerade in der Gruppe, Halt. Der Tagesrhythmus Schule-Training-Hausaufgaben hält sie davon ab, in den Straßen des Viertels, in denen gerade abends die Kriminalität hoch ist, herumzuhängen. Darüber hinaus hat die Schule einige Spitzenathleten hervorgebracht, den israelischen Meister im Fünf- und Zehntausendmeterlauf, Ramzey Abdul Jabar, der vor acht Jahren aus Darfur kam und die israelische Staatsbürgerschaft erhalten hat[11]. Auch der Weit- und Dreisprung-Athlet Eitan Espirito von den Philippinen ist israelische Spitze. Und so wie das Cross-Country-Running-Team Israel-Meister wurde, fuhr eben das Schülerinnen-Leichtathletik-Team als Vertreter Isreals zu den internationalen Meisterschaften nach China.

Auch Phyllis Miah findet im Sport über ihre Enttäuschung hinweg. Und mit Hilfe des außergewöhnlichen Talents, das Eli Nechama als Trostspender besitzt.

»Ich musste als Schulleiter im Lauf der Zeit feststellen, dass ich nicht bei all unseren Kämpfen gewinnen kann. Wichtiger als gewinnen ist die Tatsache, dass wir den Kindern und der Gesellschaft zeigen, dass wir für ihre Rechte um jeden Preis kämpfen. Für Phyllis war es sehr schwer. Sie war sehr enttäuscht. Ich saß mit ihr über eine Stunde zusammen und erklärte ihr den bürokratischen Background. Ich machte ihr Mut, indem ich ihr sagte, dass sie eines Tages dorthin fahren und dann über das Ganze lachen würde. Es ist mir wichtig, für sie da zu sein, so, als wäre sie meine eigene Tochter.«

Eli Nechamas fünftes Leitprinzip heißt entsprechend: »Emotionale Unterstützung«. Wie schwer eine Lebenssituation auch sein mag, die Schule bietet Schülern wie Eltern professionelle Hilfe an und leitet, wenn nötig, unterstützende Maßnahmen ein. Manchmal benötigt es mehr als Trost, manchmal muss professionelle Hilfe her. Dafür gibt es die Sozialrektorin der Schule, Riki Hasklovich, deren Arbeit sich auf alle Lebensbereiche über die Schule hinaus erstreckt.

So garantiert die Bialik-Rogozin-Schule ihren Schülern eine Krankenversicherung, die Einbindung der Eltern bzw. des sozialen Umfeldes und Hilfe bzw. die Vermittlung von Hilfe bei psychologischen, sozialen und Lern-Problemen.

Im Ganzen beschreiben die fünf Leitlinien Eli Nechamas einen Kreis, der die Rundum-Betreuung der Kinder und ihrer Familien ermöglicht und ihre aktive Integration in die israelische Gesellschaft bei gleichzeitiger Wahrung ihrer kulturellen Wurzeln betreibt.

Phyllis Miah ist ein gutes Beispiel dafür, was an Positivem möglich wird, wenn nach diesen Leitlinien gehandelt wird. Sie steht jetzt im Wurfkreis, schließt die Augen, konzentriert sich auf ihren nächsten Versuch. Das Gespräch mit Eli Nechama und die Rückkehr ins Training haben ihr geholfen, sich mit der Zurückweisung am Flughafen abzufinden. Nun nimmt sie ihr Geschick wieder in die eigene Hand. In diesem Fall: eine Stahlkugel von 3 Kilogramm Gewicht.

In diesem Moment explodiert ihr Körper. Sie schnellt mit einem Doppelschritt herum und wuchtet die Kugel mit ihrer ganzen Energie in die Luft.

**7**

»Wenn ich in ihre Augen schaue, öffnet sich alles. Wir dürfen nicht vergessen, um wen es sich bei den Kindern handelt. Wir gewöhnen uns an das Schwierige und begreifen nicht, dass ihre Situation nicht normal ist. Ein Kind sollte bei seinen Eltern aufwachsen. Es sollte ein normales Zuhause und eine ganz normale Krankenversicherung haben. Aber das alles ist hier nicht der Fall.«

Eli Nechama sagt das mit ernster Miene. Sein Blick ist dunkel und durchdringend: »Das alles erzählen mir die Augen: wenn ein Kind traurig ist, wenn es davonläuft oder wenn es nicht weiß, was es tun soll. Die Kinder weinen sehr oft, weil sie ihre Gefühle nicht in Worte fassen können. Die erste Hilfe ist, sie zu beruhigen und zu trösten. Wie das Mädchen, das neulich um halb sieben vor der Schule stand. Als ich in seine Augen sah, fragte ich es: Möchtest du einen Tee oder eine Milch haben? Hier ist eine Schachtel mit Keksen.«

Nun schmunzelt Eli Nechama, und seine Augen haben diese leuchtende Eli-Nechama-Entschlossenheit. »Mein ganzer Job besteht aus einem Puzzlespiel kleiner Taten. Wenn ich mir am Abend sagen kann, dass ich eine gute getan habe, kann ich zufrieden nach Hause gehen.«

Dann geht er wirklich an diesem Tag nach Hause, richtiger, setzt sich auf seinen Motorroller, zieht sich den Helm über den Kopf, winkt noch einmal und fährt durch den dichten Tel Aviver Verkehr davon. In gewisser Weise ist schon sein Nachname Programm:

»Nechama« heißt im Hebräischen »Trost«.

# 3 SELBSTFINDUNG ZWISCHEN KRIEG UND FRIEDEN

## Johnson Blay und die Einlösung der UNESCO-Werte

### 1

Er könnte ein erfolgreicher House-DJ aus Detroit sein. Ein Hip-Hop-Musiker aus Los Angeles. Oder ein jamaikanischer Sprinter, der für eine große Sportschuhmarke Werbung macht.

Der junge Mann, der an diesem Morgen durch den Schulflur geht, bewegt sich wie ein Sportler, der in seiner Arena ein Heimspiel hat. Seine Hautfarbe ist von einem warmen Kaffeebraun, das seine Schneidezähne mit der kleinen Lücke noch weißer strahlen lässt. Er hat große weiße Kopfhörer um den Hals gehängt, trägt seine Baseballkappe verkehrt herum, und die Großbuchstaben auf seinem T-Shirt künden von einem »HARD RIDE«.

*Johnson Blay*

Auf dem verwaschenen Bild darunter ist eine blonde Frau in einem Netz-Catsuit zu sehen, die sich in einem Auto räkelt.

Seine eigene Familie hat er schon vor Ewigkeiten verloren. Sein Vater ist vor seiner Geburt ermordet worden, an seine Mutter kann er sich kaum mehr erinnern. Ob seine Brüder noch leben, mit denen er vor elf Jahren zum letzten Mal Kontakt hatte, weiß er nicht. Er weiß auch nicht mehr, wie viele es waren und wie sie aussehen. Ja, Johnson Blay weiß nicht einmal, welches Land er als seine Heimat betrachten soll. Er hat keinen Pass. Weder einen aus dem Land, in dem er geboren ist: Liberia. Noch einen aus dem Land, in dem er aufgewachsen ist: Ghana.

»Ich bin mit drei Jahren aus Liberia fortgegangen. Es gab einen Bürgerkrieg, ich glaube zwischen 1999 und 2001. Ich kann mich nicht genau erinnern, ob wir Verwandte haben. Die einzigen Personen, die ich im Kopf habe, sind meine Brüder. Die waren 9 oder 10 Jahre alt. Meine Mutter ist, bevor wir nach Ghana geflohen sind, getötet worden.«

Die Schreie seiner Mutter sind ihm noch heute im Kopf, fünfzehn Jahre nach dem Zweiten Liberianischen Bürgerkrieg, bei dem verschiedene Volksgruppen um die Macht kämpften[1]. Der dreijährige Johnson Blay flieht mit seinen Brüdern Richtung Ghana, wo sie in einem Flüchtlingscamp Unterschlupf finden. Doch die Situation im Lager ist für die Waisenjungen schwierig, weil die meisten Menschen in Großfamilien leben. Die Brüder übergeben den Kleinsten an eine Familie, die mit ihm aufs Land zieht. Er muss auf einer Kakaoplantage arbeiten. Als er eines Tages – mittlerweile ist er sieben Jahre alt – zu müde zum Arbeiten ist, wird er brutal mit einer Machete niedergeschlagen. Was er erst begreift, als er im Krankenhaus wieder erwacht, wo man ihm mit einer

Notoperation das Leben gerettet hat. Eine lange Narbe am Kopf bezeugt dieses dramatische Ereignis.

»Ich bin dann einfach weggerannt, habe meine Brüder gesucht, die wieder in diesem Flüchtlingscamp waren, aber ich habe sie nicht mehr gefunden. Schließlich war ich auf der Straße.«

Obwohl die Familie, bei der er vier Jahre lebte, ihn verstoßen hat, benutzt er heute noch ihren Nachnamen, wenn er bei irgendwelchen Behörden vorstellig wird. Johnson Assiedo – so steht es in seinen Aufenthaltspapieren. Aber eigentlich heißt er Blay. Eigentlich trägt er den Namen des Mannes, der ihn gezeugt hat und den er niemals kennengelernt hat: John-Son Blay. Sohn von John Blay.

Die Geschichte mit den Namen sagt viel über den jungen Mann aus, der wie ein House-DJ aussieht. Seine Identität ist wie ein gemixtes Musikstück aus verschiedenen Samples zusammengesetzt. Er lebt sein Leben unter einer Art Pseudonym und weiß eigentlich gar nicht, wer er ist. »Jedes Mal, wenn ich darüber nachdenke«, sagt er, »geht mein Kopf kaputt.«

Das Schicksal von Johnson Blay weist bewegende Parallelen zu der Geschichte von Berhe Gonetse auf, dem Jungen aus Eritrea. Auch Johnson Blay verschlägt es am Ende seiner Odyssee in ein Land, das er nicht kennt. Nur mit einem Unterschied: Das fremde Land ist nicht Israel. Das fremde Land, dessen Sprache er auf der Schule lernt, trägt den exotischen Namen »Deutschland«.

Tatsächlich weiß Johnson Blay, als er vor sechs Jahren hierher kommt, nicht einmal, dass es ein Land dieses Namens gibt. Seine lebensgefährliche Reise – sie wird am Ende dieses Kapitels erzählt – gipfelt in den zwei Monaten, die er hier auf der Straße lebt, wie er es seit Kindertagen gewohnt ist, eine Schattenexistenz, ein unsichtbarer Gast, der keine Ahnung hat, wo er ist. Bis ihn eines Morgens die Polizei in einem Park aufgreift.

Nun ist er hier, auf der UNESCO-Schule in Essen, auf der Partnerschule der Bialik-Rogozin-Schule. Genau wie die Kinder in Tel Aviv hat er hier in Essen den einzigen Platz auf der Welt gefunden, an dem er willkommen ist.

**2**

Siebzehn erwartungsvolle Gesichter blicken auf, als Johnson Blay den Klassenraum betritt. Warmes Sonnenlicht erfüllt das Zimmer, in dessen Mitte, am Pult vor der Tafel, die Lehrerin steht. Ihr langes dunkelblondes Haar verleiht ihrem Gesicht etwas Neugierig-Mädchenhaftes. Tatsächlich ist sie eine Frau, die immer wieder mit absolutem Interesse den Geschichten ihrer Schüler folgt. Damit hat es etwas Besonderes auf sich: Sie will, dass sie ihre Lebensgeschichten in der neuen Sprache erzählen. In der Sprache, die sie ihnen beibringt.

Auch Johnson Blay hat ihr seine Geschichte auf Deutsch erzählt und in ihr eine Art Patin gefunden.

»Wenn ich Schwierigkeiten habe, gehe ich zu Frau Becker. Ich rufe sie jedes Mal an, wenn ich Probleme habe. Sie tut ganz viel für mich persönlich. Ich fühle mich einfach wohl, wenn ich in der Schule bin. Es gibt Leute, die sind wirklich bereit, uns zu helfen, wenn man Schwierigkeiten hat. Nicht alle Lehrer, aber die meisten. Sie sind wie Eltern, ich kann mit ihnen alles diskutieren.«

Sigrid Becker will, dass sich die Schülerinnen und Schüler reihum vorstellen. Es sind siebzehn junge Gesichter, in deren Zügen sich der ungeduldige Aufbruchsgeist von Siebzehnjährigen spiegelt. Ja, sie sind tatsächlich fast alle gleich alt, blicken mit denselben aufgeweckten Mienen. Die meisten von ihnen haben schwarze Haare, aber da ist auch ein blondes Mädchen, ein brünetter

Junge. Eines haben sie alle gemeinsam: dass sie erst seit kurzem in Deutschland sind und hier bei Sigrid Becker Deutsch lernen.

»Ich bin Nawo, ich komme aus Hasseke in Syrien. Ich bin 17 Jahre alt. Ich bin hier in Deutschland seit neun Monaten und UNESCO-Schüler seit sechs Monaten.«

»Ich bin Madiha, ich bin 17 Jahre alt, ich komme aus Syrien aus der Nähe von Aleppo. Ich bin in Deutschland seit einem Jahr und lerne seit zehn Monaten Deutsch.«

»Ich bin Hila, ich komme aus dem Iran. Ich bin 17 Jahre alt. Ich bin seit zehn Monaten in Deutschland und lerne Deutsch seit fast sieben Monaten.«

»Ich bin Monika, ich komme aus Polen. Ich bin 16 Jahre alt und bin in Deutschland seit einem Jahr.«

»Ich bin Mohammed, ich komme aus Afghanistan. Ich lebe seit anderthalb Jahren in Deutschland und lerne seit fast einem halben Jahr Deutsch.«

Die Schüler bilden die sogenannte Klasse »9 V«, in der sie neun Stunden Deutschunterricht in der Woche haben. Das V steht für »Vorbereitung«, es bedeutet, dass hier im Gegensatz zu den R-Klassen nicht der »Regel«-Stoff einer 9. Klasse gelehrt wird, sondern eine Art Light-Version, bei der erst einmal das Erlangen von Sprachkenntnissen im Vordergrund steht. Die sprachlichen Fähigkeiten sind das A und O für ihren künftigen Weg, weiß Sigrid Becker. Außerdem bilden sie das Fundament dafür, dass die Neuankömmlinge zueinander finden und sich über ihre Situation austauschen können.

»Ihr habt ja alle den Film *Strangers No More* gesehen«, sagt sie in das Rund hinein. Sie meint den Film, den sie vor Kurzem beim Besuch von Eli Nechama und seiner Delegation den Schülern vorgeführt hat. Ja, der gute Ruf der neuen Partnerschule hat sich bereits bis zu den UNESCO-Newcomern herumgesprochen. »Da gab es so einen Schlüsselsatz: *Hebrew brings people together*. Das ist hier auch so: Das Deutsch bringt alle zusammen. Ähnliche Schicksale aus unterschiedlicher Herkunft, und die gemeinsame Sprache ist Deutsch.«

Nun zeigt sie auf Johnson Blay, der an einem Tisch vorne Platz genommen hat.

»So war das auch bei Johnson. Johnson, Dornaz und Erudita, die waren in einer Klasse. Dornaz kommt aus dem Iran, Erudita aus dem Kosovo, und der beste Freund von Johnson, Ariv, ist Afghane. So entstehen völlig unerwartete Freundschaften – Freundschaften der unterschiedlichsten Art.« Sigrid Becker deutet nun lachend auf zwei der neuen Schüler: »Wann und wo könnte Monika außerhalb der Schule jemals Massud kennen lernen? Polnisch-afghanisch!? Also bitte! Das geht gar nicht!«

*Sigrid Becker*

Großes Gelächter in der Klasse. Sigrid Becker weiß, wie sie bei den Neuen den richtigen Ton trifft. Die Gesichter in der Runde hängen ihr an den Lippen und achten aufmerksam auf das, was sie sagt. Aber es ist nicht immer klar, ob sie auch verstehen, was sie meint. Nicht wegen ihrer Deutschkenntnisse, sondern wegen der Situation, in der sie sind. Noch sind sie gefangen in den dramatischen Geschichten, die sie hierher gebracht haben, und möchten am liebsten schon den übernächsten Schritt machen: das alles hinter sich lassen, in die Zukunft aufbrechen. Viele, die hier sitzen, haben mit Booten das Mittelmeer überquert oder die Balkanroute auf dem Fußweg zurückgelegt. Fernsehbilder, die immer nur anonyme Massen zeigen, bekommen hier ein Gesicht.

Sigrid Becker möchte, dass einer von ihnen seine Fluchtgeschichte erzählt. »Ich weiß«, sagt sie, »ihr redet nicht gern darüber. Gerade wenn man 17 und ein junger Mann ist, erzählt man nicht gern, wie oft man unterwegs geweint hat und wie wenig man zum Essen hatte. Aber kannst du sagen«, spricht sie einen der Schüler an, »wie lang du zu Fuß unterwegs warst?«

Es ist der junge Mann, der sich zuvor in der Runde als Afghane vorgestellt hat. Mohammed zählt die Stationen seiner Migrationsroute auf, die er 2015 in sechs Monaten hinter sich gebracht hat: Von Afghanistan in den Iran, von der Türkei nach Bulgarien, von Ungarn nach Österreich und von München bis hierher. Den ersten Abschnitt bis Bulgarien hat er überwiegend zu Fuß zurückgelegt, teilweise ohne Trinkwasser. Er erzählt in akzentuiertem, aber gutem Deutsch. Nur als er erklären will, wie das Schleuserauto, in das er in Bulgarien stieg, in einen tödlichen Unfall verwickelt wurde, gerät er ins Stocken.

»Was war das für ein Auto?«, will Sigrid Becker wissen.

»Das war wie ein *Krankenhaus-Auto*, man konnte nicht sitzen. Soll ich zeichnen?«

Mohammed geht zur Tafel. Seine Kinderzeichnung zeigt einen Krankenwagen, in dessen Fond eine doppelte Wand eingezogen ist. Dahinter hat er sich versteckt, zusammengequetscht stehend mit acht anderen. 600 Euro hat er dafür bezahlt, Geld, das er von seinem Vater aus Amerika erhalten hat, der mit seiner Schwester und seinem kleinen Bruder in Maine lebt.

»Um 8 Uhr morgens waren wir in Ungarn.« Er sucht nach den richtigen Worten, mit denen er den Unfall beschreiben soll, bei dem der vermeintliche Krankenwagen von der Straße abgekommen ist. *»Der Fahrer war in Schlaf gegangen«*, sagt er, ein resigniertes Schulterzucken begleitet die Worte, *»drei waren getötet.«*

Mohammed hat Glück, er wird in einem ungarischen Krankenhaus gesund gepflegt und macht sich dann zu Fuß auf nach Deutschland, wo er zunächst in verschiedenen Flüchtlingsunterkünften unterkommt. Nun ist er seit fast einem Jahr in Essen und geht auf die UNESCO-Schule.

Sigrid Becker hat viele solcher Geschichten gehört. Sie ist schon seit 1977 an der Schule und hat unglaublich große Erfahrung, was den Unterricht von Einwandererkindern angeht. Das hat die Frau mit der randlosen Brille offensichtlich sehr jung bleiben lassen – kein Mensch würde glauben, dass dies ihr letztes Schuljahr ist, dass sie nach den Sommerferien in Pension gehen wird. Sie hat an der Schule den Wandel Deutschlands zum Migrationsland miterlebt und erklärt, wie sich die Situation durch die »Flüchtlingskrise« verändert hat:

»Wenn es über fünfzig verschiedene Nationen und die Reihen ganz bunt sind, dann gibt es nicht ›Die‹. ›Die Türken‹, ›die Russen‹, und so weiter. Dann sind es eben ganz viele unterschiedliche Herkunftsländer. Jetzt hat sich das ein bisschen geändert, plötzlich gibt es hier doch eine Mehrheit: ›Die Syrer‹.«

Seit die Syrer in der Überzahl sind, droht das bisher ausgewogene Multikulti-Gefüge aus den Fugen zu geraten. »Noch geht es«, sagt Sigrid Becker, betont aber, dass eine Schieflage durch kein noch so gutes Integrationsmodell auszugleichen ist: »Das kann man konzeptionell nicht hinkriegen. Auch in dieser 9 V, in der die Schüler sich jetzt so gut verstehen, hat es mit einem Mal Spannungen gegeben. Die Syrer und Afghanen standen sich gegenüber. Irgendetwas war vorgefallen, auf einmal waren da Lager.«

Darauf hat sie den Schülern in ihrer jugendlich provozierenden Art den Kopf gerade gerückt:

»Ich hab ihnen reihum gesagt: Ihr seid völlig verrückt, ihr habt alle dieselbe Geschichte. Als sie sich dann zugehört haben, war Ruhe. Manchmal sag ich auch böse Sätze wie: Flüchtlinge beschimpfen, das können die Deutschen besser, macht das nicht untereinander.« Sie lacht: »Aber das ist natürlich nicht ernst gemeint.«

Selbst dann, wenn eine Schule so erprobte Bildungskonzepte wie die UNESCO-Schule hat, ist die friedliche Atmosphäre, die hier herrscht, kein Selbstläufer: »Das stellt sich nicht von allein her, das muss immer von Neuem erkämpft werden.«

Sigrid Becker ist eine Frau, die sich für ihre Schüler von ganzem Herzen einsetzt. Aber der Kampf um gelingende Integration wird zum Kampf auf verlorenem Posten, wenn die Ausgangslage nicht mehr stimmt und die Schulen überfordert. Es kommt auch darauf an, dass die Politik die richtigen Weichen stellt.

»Das ist der Grund, warum ich die freie Grundschulwahl nicht so toll finde: Dann hat man auf einmal eine Ghettoisierung. Und das ist das Erste, was vermieden werden muss: die Ghettoisierung und die Aufhebung der Heterogenität. Das ist wirklich das ganze Geheimnis.«

## 3

Nach der Stunde steht Johnson Blay mit seinen »Nachfolgern« an der Tafel zusammen und diskutiert mit ihnen. Die neuen 9 V-Schüler wollen wissen, wie sie schnellstmöglich von der V-Klasse in die R-Klasse, die reguläre Klasse, kommen. Sie sind von Tatendurst und Ungeduld getrieben, weil die meisten von ihnen in die Abschlussklassen vorrücken und auf das Abitur zusteuern wollen.

»Es gibt Leute, die gar keine Geduld gehabt haben und weg sind«, redet Johnson Blay ihnen ins Gewissen. »Wo sind die? Der eine hat ungefähr vierhundert Fehlstunden gehabt und wurde rausgeschmissen. Die Gesamtschule hat er nicht geschafft, das Berufskolleg hat er nicht geschafft. Was macht er? Der ist nur am Rauchen, Trinken, Zocken. Der kriegt gar keine Chance mehr. Es ist nicht so einfach. Die Lehrer, die hier in der 9 V sind, sind nett und haben mit euch Geduld. Aber in der 10. Klasse geht alles richtig los. Da werden die Lehrer nicht so viel Zeit für euch haben.«

Johnson Blay weiß, wovon er spricht. Er ist seit fünf Jahren an der Schule und hat sich mit dem Wechsel in die Regelklassen auch schwergetan. Jetzt hat er das Abitur vor Augen und bekommt weiche Knie, wenn er an die Prüfungen in der neuen Heimatsprache denkt.

Aber wenn er das Abitur irgendwo schaffen kann, dann hier. Nicht weil die Schule einfachere Prüfungen hat, sondern weil sie von ihrer Konzeption her für Seiteneinsteiger, Nachzügler und Kinder aus weniger privilegierten Schichten gedacht ist. Seit jeher ist die Essener UNESCO-Schule ein sogenanntes »Aufbaugymnasium«, das die Klassenstufen 7 bis 13 für Kinder anbietet, die den Sprung aufs klassische Gymnasium zunächst nicht geschafft haben und diesen nachholen wollen.

Durch diese besondere Prägung war sie früher als andere Schulen zur Aufnahme ausländischer Schüler bereit und besitzt diesbezüglich in Deutschland eine Vorreiterrolle, die sie für die Schulpartnerschaft mit der Bialik-Rogozin-Schule prädestiniert.

»Als ich 1977 hier ankam, gab es einen einzigen Ausländer auf der Schule, das war der Sohn des griechischen Restaurantbesitzers«, erinnert sich Sigrid Becker. »Dann sind zwei Dinge passiert, der Krieg in Afghanistan und die Ostpolitik der Regierung Kohl, durch die die Aussiedler aus Polen und Russland gekommen sind. Es gab auf einmal eine ganze Reihe Schüler, die in ihrem Heimatland schon vergleichbare Schulen besucht hatten, aber keine deutsche Schule fanden, da sie ja nicht Deutsch konnten. 1985 haben wir die ersten Vorbereitungsklassen eingeführt, was in dieser Weise keine andere Schule bieten konnte. So erhielten wir ein Alleinstellungsmerkmal. Erst jetzt durch die Flüchtlingsbewegungen gibt es an vielen Schulen Bedarf für solche Vorbereitungsklassen.«

550 Schüler hat das UNESCO-Gymnasium, sie kommen aus 41 Ländern und sprechen 35 Muttersprachen. Der Migrantenanteil liegt derzeit bei 80 %, Tendenz steigend. Schon denkt die Schulleiterin darüber nach, zu den drei bisherigen Vorbereitungsklassen, in denen der Einwandereranteil bei nahezu 100 % beträgt, eine vierte hinzuzufügen.

Annette Uttendorfer leitet die Schule seit anderthalb Jahren. Die ebenso geerdete wie engagierte Art, in der sie in ihrem schönen hellen Büro über das besondere Gefüge ihrer Schule spricht, macht sofort deutlich, dass ihr die Arbeit nicht nur ein pädagogisches, sondern ein persönliches Anliegen ist. Nach dreizehn Jahren an einer Gesamtschule wollte sie sich zwar verändern, aber kein klassisches Gymnasium leiten, das nach ihrem Eindruck zu sehr das rein Schulstoffliche in den Mittelpunkt stellt. Sie will den Menschen als Ganzen auf seinem Lebensweg im Blick haben: »Ich fühl mich hier mehr am Platz«, sagt sie und verweist dabei auf ihre Kollegen, die genauso denken wie sie. Die positive Atmosphäre, die man beim Betreten der Schule sofort spürt, hängt ihrer Meinung damit zusammen, dass alle, die hier arbeiten, dieselbe Mission verfolgen:

»Der wesentliche Faktor dafür, dass es hier gut läuft, ist das Kollegium. Weil die Kollegen wirklich erkennen, dass die Schüler im Grunde ein Schatz sind, den es zu heben gilt. Die sehen nicht nur die Belastung, die dahinter steckt. Die erkennen das Riesenpotential, das wir haben.«

Die blonde Frau, in deren Augenwinkeln sich auch dann noch ein herzliches Lächeln zeigt, wenn sie über ernste Dinge spricht, ist in Essen geboren: »Aufgewachsen im Osten der Stadt, in einem echten sozialen Brennpunkt. Ich selbst komme zwar aus einem akademischen Elternhaus, aber meine Großeltern stammen aus dem Arbeitermilieu. So etwas prägt. Für mich ist es wichtig, alle Kinder mitzunehmen. Das ist eine persönliche Grundeinstellung. Ich muss nicht Bildung für die Reichen machen oder für die, die sowieso bildungsnahe Elternhäuser haben. Für mich ist es wichtig, an einer Stelle zu arbeiten, wo wir möglichst allen eine hohe Bildung ermöglichen.«

Annette Uttendorfer erinnert daran, dass Migration gerade im Ruhrgebiet schon immer eine Rolle gespielt hat: »Meine Urgroßeltern haben mütterlicherseits einen polnischen Migrationshintergrund, während die andere Seite aus Ostpreußen stammt.« Der Großvater der väterlichen Linie, der 1912 auf die Welt kommt, durchlebt denn auch eine klassische Ruhrgebietssozialisation. »Mein Großvater ist noch in den Schacht eingefahren. Er hat mir immer Bergbaugeschichten erzählt, die er schön ausgeschmückt hat – mit Zwergen, die er unter Tage trifft. Nach den Nachtschichten ist er häufig beim Erzählen eingeschlafen. Ich kann mir gut vorstellen, wie hart das Leben für ihn war.«

Als Bergarbeiter gehört er zu der Generation, die in den 1960er Jahren die erste klassische Gastarbeiterwelle miterlebt.

»Er hatte viele Italiener als Kumpel, das war ganz normal. Meine Großmutter war als Putzfrau im Kruppschen Bereich tätig und hat auch mit vielen Menschen aus anderen Nationen zusammengearbeitet.«

Doch die Arbeitswelt des Ruhrgebiets hat sich seither dramatisch verändert. Hinzu kommt der demographische Wandel, der die Region vor neue Herausforderungen stellt.

»Das Stadtbild ändert sich, es wird noch bunter. Das sieht man auch an der Geschichte dieser Schule. Erst kamen ganz viele Italiener und Polen, die klassischen Zuwanderer im Ruhrgebiet. Im Moment gibt es eine sehr starke Migration aus dem arabischen Raum. Natürlich empfinde ich auch, dass die Schere sehr weit auseinandergeht. Nicht umsonst hat das Ruhrgebiet von den westlichen Bundesländern die höchste Arbeitslosigkeit. Gerade für die klassische Arbeiterklasse wird es immer schwieriger. Die Berufe haben sich deutlich verändert. Das ist ein großes Problem, denn der Strukturwandel ist noch nicht abgeschlossen.«

Annette Uttendorfer weiß, dass junge Einwanderer in dem strukturschwachen Gebiet besonders große Probleme bei der Integration haben werden, wenn sie nicht über die nötigen Bildungsvoraussetzungen verfügen. Anders als andere Schulen, die sich angesichts der Flüchtlinge wegducken, weil sie am liebsten ein herkunftsdeutsches Soziotop bleiben wollen, sieht sich Annette Uttendorfer in der Verantwortung. Zusammen mit ihrem Kollegium will sie den Einwanderern ein Zuhause geben, das Bildung und Werte vermittelt. Dieses Ethos leitet sie nicht nur aus der sozialdemokratischen Tradition ihrer Familie ab, sondern auch aus der christlichen Wertekultur. Und natürlich steht es in unmittelbaren Zusammenhang zu dem ideellen Fundament, auf dem die Schule steht:

»Hier an meiner Schule hängt das ganz stark mit dem UNESCO-Gedanken zusammen. Wir heißen ja nicht nur UNESCO-Schule, sondern sind auch eine anerkannte *UNESCO-Projekt-Schule*. Dementsprechend sind wir viel stärker UNESCO-Werten wie Toleranz oder Demokratieerziehung verpflichtet.«

Was heißt das eigentlich, *UNESCO-Projekt-Schule*? Wer darf sich dieses Prädikat verleihen? Ist die Schule in Essen die einzige Schule in Deutschland, die dieses Gütesiegel für besondere Achtsamkeit gegenüber den universellen Menschenrechten trägt?

Keineswegs. In der Bundesrepublik dürfen sich etwa 200 Gesamtschulen und Gymnasien als anerkannte UNESCO-Projekt-Schulen bezeichnen – die meisten von ihnen führen das UNESCO-Siegel allerdings nur im Untertitel. Weltweit gibt es ungefähr 8.800 Schulen, die sich in den 191 Mitgliedstaaten zur Bildungsarbeit unter UNESCO-Bedingungen verpflichtet haben. »Sie sind ganz ›normale‹ Schulen mit einem kleinen, aber feinen Unterschied«, heißt es von UNESCO-Seite[2]: »Auf dem Stundenplan stehen die Einhaltung der Menschenrechte, kulturelle und Umweltbildung und der gerechte Ausgleich zwischen Arm und Reich.« Voraussetzung dafür, dass eine Schule das UNESCO-Zeichen tragen darf, ist »unter anderem die Verpflichtung zur kontinuierlichen Mitarbeit im UNESCO-Schulnetz. Die Schule muss glaubhaft machen, dass sie das Ziel der UNESCO – die Erziehung zu internationaler Verständigung und Zusammenarbeit – in all ihren schulischen und außerschulischen Bereichen – aktiv unterstützt.«

Das Essener Aufbaugymnasium im Südostviertel hat diesen Ritterschlag im Herbst 2002 erhalten. Im Schreiben des Generalsekretärs heißt es: »Wegen der multikulturellen Lernatmosphäre am Aufbaugymnasium hat der Vorstand der Deutschen UNESCO-Kommission beschlossen, dem Antrag auf Führung des Namens UNESCO-Schule stattzugeben.«[3]

Da Essen eine Städtepartnerschaft mit Tel Aviv hat, lag es auf der Hand, dass die UNESCO-Schule sich mit der Bialik-Rogozin-Schule verschwistern würde. Nach mehrjähriger Anbahnung war es im Sommer 2016 beim 25-jährigen Jubiläum der Städtepartnerschaft so weit[4].

**4**

Mit seiner bewegten Migrationsgeschichte ist Johnson Blay der idealtypische Schüler einer Schule, die sich solchen Werten verschrieben hat. Wenn man seiner Erzählung lauscht, kommt man aus dem Staunen nicht heraus.

Als er in Ghana aus dem Krankenhaus entlassen wird, irrt er drei Jahre lang von einem Ort zum nächsten, schließt sich dabei immer neuen Wandergruppen an. »Wenn man Glück hat, kann man Wasser verkaufen und Schuhe reparieren. Man lernt solche Sachen. Auf der Straße waren so viele Kinder, so viele Nationalitäten. Wir helfen uns gegenseitig. Von Burkina Faso gehen wir nach Mali. Von Mali nach Algerien und Tunesien. Dann kommt man in Libyen durch die Wüste. Man hat kein Ziel, will nur einfach den nächsten Schritt machen. Wann immer man weitergeht, findet man eine neue Gruppe. Am Anfang waren wir zu zwölft. In Libyen waren wir zu dritt.«

Es ist das Frühjahr 2011. Im Februar beginnt der Aufstand libyscher Rebellen gegen das Regime von Muammar al-Gaddafi. Im März beschließen NATO-Staaten ihren internationalen Militäreinsatz. Für Johnson Blay ist die Zeit überraschenderweise eine der besten auf seiner Reise. Die vielschichtige Schar, in deren Mitte er sich in der Nähe des Hafens von Tripolis aufhält, besteht aus jungen Männern aus Nigeria, Somalia, Eritrea, dem Irak oder Iran. Sie bekommen Arbeit von der Regierung.

»Erst muss man sich registrieren, dann bekommt man Essen und Unterkunft, dann eine Arbeitsgenehmigung. Die muss man alle drei Monate bestätigen – und kann in Ruhe arbeiten.«

Vom Bürgerkrieg kriegt er in Tripolis anfangs nicht viel mit. Außer dass große Schiffe im Hafen anlegen, aus denen sie Waffen ausladen müssen. Irgendwann tauchen Soldaten auf, rekrutieren Kämpfer unter den Migranten. Sie sagen:

»Die Regierung möchte, dass ihr helft, die Terroristen zu bekämpfen. Leute, die kräftig aussahen«, erzählt er weiter, »wurden aussortiert und in ein Camp geschickt. Das war eine Trainingsphase, um schießen zu lernen. Kinder mussten Material tragen. Für mich war das gut. Ich war sicher.«

Johnson Blays Glück ist, dass er erst 14 ist. Aber er wird Zeuge schrecklicher Dinge, die sich in seinen Kopf einbrennen.

»Als wir den Soldaten geholfen haben, gab es da auch einen Jungen aus Eritrea, der war 18 oder 19. Der wurde wie die anderen im Schießen trainiert. Aber weil er das nicht konnte, wurde er vor unseren Augen sofort erschossen. Um den anderen zu zeigen: Wer das nicht macht, wird erschossen.«

Johnson Blay erzählt das alles mit seiner sanften und darum umso eindringlicheren Stimme. Er hat Albträume, kann nachts nur noch drei Stunden schlafen. Der Kopfhörer schmiegt sich um seinen Hals, die Worte »HARD RIDE« auf seinem T-Shirt haben ihre frivole Teenager-Anzüglichkeit verloren. Der Junge, der auf den ersten Blick wie ein House-DJ aussieht, liegt nachts oft wach, auf der Suche nach sich selbst. Er weiß, es gab zahlreiche Weggabelungen in seinem Leben, die für ihn den Tod hätten bedeuten können. Unter Umständen hätte er sich sogar den Regierungstruppen angeschlossen.

»Es gab viele Afrikaner, die für Gaddafi gekämpft haben, weil sie so viel Hilfe erhalten haben. Man fühlte sich verpflichtet, das zu machen. Wir waren auf der Straße und haben nichts mehr zu trinken bekommen. Man hat gar keine andere Wahl, als das zu machen, sonst verliert man alles. Ich denke, wenn ich da geblieben wäre, hätte ich das vielleicht auch gemacht.«

Doch es kommt anders. Ein Freund hat eine neue Idee. Er stammt aus Nigeria und begleitet Johnson schon seit dem Aufbruch aus Ghana. Er erzählt ihm von den Jungen, die sich auf eines der großen Schiffe im Hafen geschmuggelt haben und als blinde Passagiere nach Marokko gefahren sind. Dort, so wird kolportiert, sei die Lage gut. Der Plan lautet:

»Wir können in Marokko bis zum Ende des Kriegs warten. Dann kommen wir zurück und leben in Libyen.«

Johnson Blay hat Angst. Er weiß, wie gefährlich die Umsetzung dieser Idee ist. Er weiß, was mit blinden Passagen geschieht, die von der Crew entdeckt werden.

»Wenn man erwischt wird, wird man sofort ins Meer geworfen. Ich habe das selbst gesehen. Wenn man im

Maschinenraum ist und kein Wasser hat, dann versucht man, nach oben zu kommen und Wasser von anderen Leuten zu bekommen. Aber wenn sie dich entdecken, werfen sie dich sofort ins Wasser. Ich habe das bei zwei, drei Leuten gesehen.«

Das Schicksal der Jungen, die im Meer ertrinken, ist ein weiteres Schreckensbild, das sich in sein Gehirn eingebrannt hat.

Trotzdem willigt er ein, als im Hafen wieder ein Schiff mit dem Ziel Marokko liegt. Die Jungen schleichen sich an Bord, verstecken sich tief unten im Schiffsbauch. Sie haben nicht viel Wasser, schließlich wird die Fahrt nur wenige Stunden dauern. Doch aus unerfindlichem Grund beginnt sich die Zeit an Bord zu dehnen. Die Fahrt dauert immer länger, sei es, weil ihre Wahrnehmung sie im Dunkel trügt, sei es, weil das Schiff gar nicht nach Marokko –

Johnson Blay wagt den Gedanken nicht zu Ende zu denken. Was, wenn sie sich geirrt haben, wenn das Schiff ein ganz anderes Ziel hat?

Ihr Wasservorrat ist lange verbraucht. Sein Freund sieht keine andere Chance mehr. Entweder sie verdursten oder sie müssen irgendwo an Bord Wasser auftreiben. So, dass es niemand merkt. Sie haben Glück. Als der Freund sich aus dem Versteck wagt, erreicht das Schiff den Hafen. Die Vierzehnjährigen laufen von Bord, haben keine Ahnung, wo sie sind. Von den Afrikanern und Arabern, die die Straßen bevölkern, erfahren sie: *Italien*. Den Namen der Stadt kann Johnson Blay bis heute nicht angeben. Vermutlich handelt es sich um Genua, da man ihnen Frankreich als nächstes Ziel empfiehlt. Ihre Reise folgt dem gleichen Zufallsprinzip wie das Straßenleben, das Johnson Blay von Ghana nach Libyen geführt hat. Wieder schlägt er sich in einer Kleingruppe durch, ernährt sich nur von Wasser und Brot. Doch auch Frankreich erweist sich als schlechter Zufluchtsort, da keiner in der Gruppe Französisch spricht.

»Da sagte einer: Lass uns in ein Land gehen, wo sie Englisch sprechen. Sobald die Leute Englisch sprechen können, sind wir sicher. Wir haben einen Zug genommen. Im Zug konnten wir kein Ticket kaufen. Der Zug hat irgendwo gehalten, da kommt der Kontrolleur und sagt, wir sollen unsere Tickets zeigen. Ticket? Als er sagt, er ruft die Polizei, sind wir ausgestiegen und gerannt. Wir wussten nicht, wo wir sind. Das war nur *Trial and Error*.«

Immerhin, in der unbekannten Stadt, in die sie das Roulette ihrer Reise ausspuckt, scheint man Englisch zu sprechen. Johnson Blay, der damals noch Analphabet ist, vermutet, dass er sich in Irland befindet. Doch sein Freund verneint. »Er konnte ein bisschen lesen und schreiben. Nein, hier spricht man *Deutsch*.«

Johnson Blay ist geschockt: »Mein Gott, wo sind wir denn? *Deutschland*? Es gibt gar kein Land auf der Erde, das *Deutschland* heißt.«

In seiner Desorientierung ist es umso schlimmer, dass er den Freund, mit dem er seit Ewigkeiten unterwegs ist, im Bahnhofsgewühl aus den Augen verliert. Sie finden sich nicht wieder. Bis heute weiß Johnson Blay nicht, was aus ihm geworden ist. Er selbst lebt in den nächsten zwei Monaten auf der Straße und hat keine Ahnung, dass Deutschland der Name für das Land ist, das man im Englischen »Germany« nennt.

Erst die Polizei, die ihn eines Morgens auf einem Spielplatz im Schlaf überrascht, klärt ihn auf.

»Da war eine Polizistin, die war so nett. Sie konnte ein bisschen Englisch und hat gefragt, woher ich komme. Ich habe gesagt, dass ich zuerst etwas zu essen brauche. Dann haben sie Brötchen geholt, und als ich gegessen hatte, musste ich mit aufs Polizeipräsidium. Dort haben sie aufgeschrieben, wie ich nach Deutschland gekommen bin.«

Die Polizei verständigt das Jugendamt. Schon am nächsten Tag ist er in einem Heim der Funke-Stiftung und lernt Ariv kennen, der bis heute sein bester Freund ist. Ariv ist schon ein Jahr in dem Land mit dem ominösen Namen. Und geht auf eine Schule, von der er ihm vorschwärmt.

»Er hat mir einfach nur erzählt, wie schön die Schule ist. So viele Leute aus so vielen verschiedenen Ländern, das hat mich so sehr interessiert. Mein erster Tag in der Schule war so faszinierend.«

## 5

Johnson Blay lebt in Essen in einer Pflegefamilie und hat einen Aufenthaltstitel, der jährlich verlängert werden muss. So sehr ihm die deutsche Polizei geholfen hat, so offen ihn die Essener UNESCO-Schule aufgenommen hat – so wenig hat Johnson Blay in Deutschland eine Chance auf Asyl. »Mein Asylantrag wurde abgelehnt. Ich kann nix anderes machen. Das Problem ist, dass ich in Liberia geboren und in Ghana aufgewachsen bin. Und ich habe keine Eltern.«

Asyl wird ihm nicht gewährt, weil er keinen Pass hat und deshalb auch kein Heimatland, in dem ihm politische Verfolgung droht. Weder Liberia noch Ghana fühlen sich für ihn zuständig. Johnson Blay kann deshalb zwar auch nicht ausgewiesen werden, lebt aber in einem unwürdigen Identitäts- und Status-Vakuum.

Auch in diesem Punkt gleicht die Geschichte von Johnson Blay der von Berhe Gonetse. Beide sind sensible Jungen, die nach einer schrecklichen, vielfach unfreiwilligen, traumatisierenden Reise an einer exzellenten Schule angekommen sind, die ihnen die perfekten Voraussetzungen für eine erfolgreiche Teilhabe in der Gesellschaft vermittelt. Sie glauben an die Werte der Gesellschaft, aber werden vom jeweiligen Land nicht aufgenommen.

»Es ist ein Durcheinander, ich komme überhaupt nicht mehr raus«, sagt Johnson Blay. »Ich weiß nicht mehr, was ich machen kann. Ich habe einen befristeten Aufenthaltsstatus bekommen, der im September ablaufen wird. Dann muss ich gucken. Aber ich kriege gar keinen Termin, ich weiß nicht warum, keiner sagt mir was.«

Erschwerend zu seiner rechtlichen Situation kommen die tiefsitzenden Traumata hinzu, die er von seiner Reise mit sich herumträgt.

»Ich mache eine Traumatherapie in Düsseldorf. Einmal pro Woche gehe ich da hin. Ich habe immer wieder Erinnerungen an den Krieg in meinem Land, wie meine Mutter getötet wurde und wie sie geschrien hat. Das kriege ich nie wieder weg. Und an das Schiff, von dem die Leute geworfen wurden. Das ist furchtbar. Deswegen gehe ich nicht mehr zum Schwimmen.«

Im Augenblick konzentriert er sich ganz auf sein Abitur. Die Fokussierung gibt ihm Halt. Wann immer man ihn auf die Schule anspricht, gerät er ins Schwärmen:

»Die Schule ist für mich mein *Home*. Wenn ich in der Schule bin, fühle ich mich total wohl. Ich kann mit Frau Becker und mit Frau Uttendorfer sprechen. Ich gehe fast jeden Tag in die 9 V und sehe viele Leute, die genauso wie ich sind. Ich liebe die Schüler einfach. Es freut mich jedes Mal, so viele Leute aus so vielen Ländern zu sehen: Syrien, Iran, Irak, Pakistan, Thailand, Russland. Es gibt auch ein Mädchen aus Sri Lanka, das ist total cool. Solche Leute zu sehen und mit denen zu reden, finde ich total toll.«

Aus dem gleichen Grund war Johnson Blay Feuer und Flamme, als Eli Nechama und die israelische Delegation an der UNESCO-Schule zu Besuch waren:

»Ich habe mit den Leuten von unserer Partnerschule gesprochen und den Film über die Schule gesehen. Booah! Da war ein Afrikaner, der kommt aus Somalia. Am Anfang dachte ich, dass ich alleine bin. Dann habe ich gesehen: Das ist überall so. Ich bin nicht der Einzige.«

Johnson Blay will unbedingt einer der Schüler sein, die für eine Woche nach Tel Aviv an die Bialik-Rogozin-Schule reisen. Doch ist dies bei seinem Aufenthaltsstatus möglich? Werden die Behörden ihm die erforderlichen Visa erteilen?

## Ram Orion und die abgründige Schönheit von Süd-Tel Aviv

### 1

Sein Knie ist geschwollen, er kann kaum laufen. Das ist nicht gut für einen Rockgitarristen, der gerade mit neuen Songs auf Tour gehen will. Aber in seinen Augen liegt ein junges Blitzen, das zwischen dem schwarzen Haar und dem verwaschenen T-Shirt wie ein aufbegehrendes Gitarrenriff hervorsticht. Wer dieses blitzende Riff in seinen Augen sieht, weiß, dass Ram Orion sein Publikum selbst auf Krücken zum Kochen bringen wird.

Die meisten Tel Aviver kennen ihn nur von der Bühne, wenn er mit seiner E-Gitarre die bizarr schönen Melodien anstimmt, mit denen er in den 90er Jahren zu einem der bekanntesten Underground-Musiker Tel Avivs wurde.

*Ram Orion*

Doch Ram Orion, der unter anderem Gitarre in der Kultband »Nosei Hamigbaat« (»Zylinderhut-Träger«) spielte[1], ist auch ein sehr politischer Mann. Und er ist einer der vielen Künstler, die in Süd-Tel Aviv, in der Umgebung der Bialik-Rogozin-Schule leben. Ram Orions Wohnung liegt der Schule genau gegenüber, zwanzig Meter vom Schuleingang entfernt. Tag für Tag sieht er die Schüler aus der Nachbarschaft in die Schule gehen. »Die Kinder sind großartig«, sagt er. »Es ist eine wirklich gute Schule.«

Wie so viele Tel Aviver, die sich schnell und geschmeidig durch die übervollen Verkehrsschneisen der Stadt bewegen wollen, ist Ram Orion gewöhnlich mit dem Fahrrad unterwegs. Kürzlich hat er sich bei einem Unfall das Bein gebrochen – ein komplizierter Splitterbruch am Knieansatz, der ihm sechs Wochen Gips einbrachte. Jetzt sitzt er mit hochgelegtem Bein da und wirft seinem Hund einen ramponierten Gummiball zu.

Als er sich vor fünf Jahren seine Wohnung kaufte, war es ihm besonders wichtig, dass sie genau hier liegt, nicht in einem der hippen Gentrifizierungsviertel der Stadt, sondern in Neve Sha'anan, dem Migrantenviertel Tel Avivs, das sich von der Bialik-Rogozin-Schule bis zum berühmt-berüchtigten Busbahnhof der Stadt erstreckt. Er liebt das heterogene, bunte Straßenleben und weiß genau, was den Pulsschlag der Integrationsdynamik ausmacht. »Man kann die Trennung der Welten sehen«, sagt er. »Es ist ein anderer Lärm, ein anderer Geruch.«

## 2

Tatsächlich: Wer durch die kleinen Straßen rund um die Bialik-Rogozin-Schule läuft, wird eine geheimnisvolle Welt entdecken, die den Touristen verborgen bleibt. Dabei bieten die Gassen nicht nur einen Reichtum an multikulturellem Charme, sondern sind auch ein Spiegelbild der Veränderung, mit all ihren Schönheiten, Abgründen. Alles beginnt an der Kreuzung, an der die berühmte Allenby Straße in die Ha'Aliya Straße übergeht, an der weiter südlich die Bialik-Rogozin-Schule liegt. Während die Allenby Straße, eine Tag und Nacht pulsierende Schneise, die nördlichen Strandviertel der Stadt, vorbei am brodelnden Carmel-Markt, mit dem eleganten Restaurant- und Business-Boulevard Rothschild verbindet, wandelt sich hier das Stadtbild völlig: Man betritt mit der Ha'Aliya Straße das südliche Tel Aviv, das Armenhaus der Stadt, das in den letzten fünfzehn Jahren einen gravierenden Wandel erfahren hat.

Einst war dieses Gebiet ein typisches Industrie- und Lagerhallenviertel, heruntergekommen, unattraktiv, im Abseits gelegen zwischen dem alten Busbahnhof, dem arabisch geprägten Jaffa und der Tel Aviver Altstadt Neve Zedek. Autowerkstätten und Möbellager waren hier beheimatet, die Immobilienpreise und Lebenshaltungskosten lagen weit unter dem sonstigen Level Tel Avivs. In die Straßen mit den engen maroden Häuserblöcken wollten gutbürgerliche Tel Aviver lange keinen Fuß setzen. Doch dann kamen die Jungen, die Künstler, das Szene-Volk, und veränderten die Südstadt. Zusammen mit den russischen Einwanderern, den Gastarbeitern und Flüchtlingen überschwemmten und verwandelten sie in aufeinanderfolgenden Wellen die südlichen Viertel. Und in ihrer Mitte, wie eine Versorgungsader und Wasserscheide zugleich: die Ha'Aliya Straße.

Es entbehrt nicht einer gewissen Ironie, dass diese Straße, die die Pulsader des südlichen Tel Avivs ist, ausgerechnet den Namen »die Aliya« trägt. »Aliya« bezeichnet die jüdische Einwanderung aus aller Welt nach Israel, in das Land, das sich als Heimat aller Juden auf dem biblischen Boden versteht. Wenn jemand »Aliya macht«, dann heißt das, dass er als Jude, der Staatsbürger eines anderen Landes ist, sich entschließt, nach Israel umzusiedeln und Bürger des jüdischen Staates zu werden.

Dieses Recht ist laut israelischer Verfassung jedem Juden weltweit garantiert; es ist ein Recht, das auf der Idee des Zionismus basiert und das unabdingbar mit der Gründung Israels nach der Shoa verknüpft ist. Nachdem das jüdische Volk zwei Jahrtausende lang staatenlos über die ganze Welt verstreut in der Diaspora lebte, sollte es einen eigenen Staat bekommen, um künftig vor jeder antisemitischen Verfolgung geschützt zu sein und einen sicheren Zufluchtsort, eine wirkliche Heimat zu haben.

Historisch gesehen, reicht die Idee der Aliya weit vor die Zeit der Staatsgründung Israels zurück. Das Wort selbst (wörtlich »Aufsteigen, Hinaufziehen«) »bezeichnete im antiken Judentum eine Wallfahrt gläubiger Juden zum Jerusalemer Tempel an einem der drei jährlichen Wallfahrtsfeste Pessach, Schawuot und Sukkot. Das Aufsteigen bezog sich auf das hochgelegene Bergland Judäas und besonders auf den etwa 800 m hoch gelegenen Tempelberg, den Zion. Nachdem die Babylonier den Tempel und die Stadt Jerusalem als kultisches Zentrum des damaligen Judentums 586 v. Chr. zerstört und seine politischen und kultischen Eliten exiliert hatten, bezeichnete der Begriff auch das erhoffte künftige ›Hinaufziehen‹ der exilierten Juden in ihr Heimatland Israel.«[2]

Seit der Antike gibt es jüdische Zuwanderer-Ströme nach Palästina, doch die eigentlichen Aliya-Bewegungen beginnen mit dem Aufkommen des Zionismus im späten 19. Jahrhundert. Schon vor Theodor Herzls Buch »Der Judenstaat« (1896) setzt aufgrund des erstarkenden nationalistischen Geistes in Europa und der damit einhergehenden antisemitischen Verfolgung eine Migrationswelle ein, die als »Erste Aliya« bezeichnet wird. Zwischen 1882 und 1903 siedeln etwa 35.000 Juden vor allem aus dem zaristischen Russland nach Palästina über, das damals zum Osmanischen Reich gehört.

Nach weiteren Aliya-Wellen in dieser Größenordnung beginnt ab 1929 eine fünfte Phase, die bis 1939 über 250.000 Juden in das mittlerweile britisch verwaltete Palästina bringt. Die große Mehrheit von ihnen kommt zwischen 1933 und 1936, eine Folge der »Machtergreifung« durch die Nationalsozialisten. Es sind überwiegend Juden aus Polen, der Tschechoslowakei und dem Deutschen Reich, die vor der Hitler-Diktatur und dem nun Staatsdoktrin gewordenen Antisemitismus fliehen. Nicht wenige von ihnen sind völlig assimilierte Deutsche, die als entschiedene Patrioten am Ersten Weltkrieg teilgenommen haben. Wie zum Beispiel der Berliner Arzt Dr. Kurt Fleischer, der in Berlin-Grunewald eine gutgehende Praxis als Internist hat. 1891 geboren, heiratet er nach dem Ersten Weltkrieg, gründet eine Familie, ehe er sich nach der Machtübernahme der Nazis 1937 entschließt, mit seiner Familie zu fliehen. Er überlebt, anders als viele andere seiner Verwandten, die in Deutschland blieben, die Shoa.

Ohne diesen Entschluss zur Flucht, ohne Fleischers Aliya nach Palästina, wäre der Mann, der mit geschwollenem Knie in einem Appartement gegenüber der Bialik-Rogozin-Schule lebt, nicht auf der Welt. Denn der Berliner Arzt Dr. Kurt Fleischer ist der Großvater von Ram Orion. Der legendäre Underground-Musiker nimmt aus einem der Regale, in denen sich Bücher und Schallplatten stapeln, zwei geheftete Dokumentensammlungen hervor, die die Familiengeschichte dokumentieren:

»Meine Mutter hat die ganze Recherchearbeit gemacht, mein Bruder alles technisch umgesetzt.«

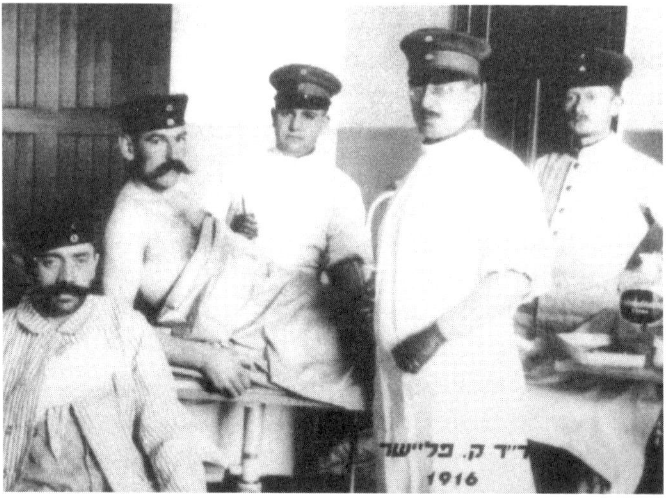


*Dr. Kurt Fleischer (2. v. r.) 1916 im Feldlazarett*

Die Sammlungen zeichnen die Familienlinien nach. Auf der einen Seite des Stammbaums steht die Familie von Dr. Fleischer. Im Ersten Weltkrieg, sagt Ram Orion, muss er »allen Schmerz, den man sich vorstellen kann«, erlebt haben. Als Chirurg ist er im Fronteinsatz, sieht unzählige Kameraden im Lazarett sterben, bricht sich ein Bein, als sein Pferd stürzt, und erkrankt schwer. Eine Urkunde, die in dem Hefter abgebildet ist, offenbart, dass er noch im Frühjahr 1935 »im Namen des Führers und Reichskanzlers« das von »Generalfeldmarschall von Hindenburg gestiftete Ehrenkreuz für Frontkämpfer« erhält, unterzeichnet vom Polizeipräsidenten von Berlin. Doch schon im nächsten Moment verschärfen die Nationalsozialisten die Rassengesetze, und nach der Enteignung seiner Praxis bleibt Dr. Fleischer nur das Exil in Palästina.

Ein Großteil der Menschen, die die andere Hälfte des Stammbaums verzeichnet, kommt in den Konzentrationslagern der Nationalsozialisten um. Dieser Teil der Familie stammt aus Polen und trägt den Namen Licht. Als die Familien Fleischer und Licht verschmelzen, wandeln sie wie viele deutsche Juden, die die Aliya vollziehen, den Familiennamen ins Hebräische um. So kommt Ram Orion zu seinem Nachnamen, den man fälschlicherweise für einen Künstlernamen halten könnte. Doch Orion leitet sich vom hebräischen Wort »Or« her – das nichts anderes bedeutet als »Licht«.

**3**

Dröhnender Verkehr beherrscht die Ha'Aliya Straße zwischen ihren zerschundenen Fassaden, mit den Mobilfunkgeschäften, Kleinsupermärkten und Spirituosenhändlern. Als Relikt der alten Zeit steht, nur hundert Meter von der Bialik-Rogozin-Schule entfernt, die große heruntergekommene Markthalle, deren Mauern von Graffitis und Veranstaltungsplakaten übersät sind. Sie wurde in den 1930er Jahren erbaut und bildete einen Dreh- und Angelpunkt des Viertels[3].

Noch heute ist der Geist des Handels hier in den Seitenstraßen zu spüren, denn wer von der Ha'Aliya Straße nach Westen abbiegt, hinein in die kleinen Seitenstraßen, in denen sich Cafés, Restaurants und Geschäfte aneinanderreihen, findet zwischen Matalon- und Jaffa-Straße den geschäftigen Levinsky-Markt[4]. Er ist vor allem für sein fabelhaftes Angebot an Gewürzen bekannt, die hier zwischen den dichtgedrängten Häusern des Viertels verkauft werden. Zum hektischen Treiben tragen viele Reisende aus aller Welt bei, die vom Mythos des Marktes hier in Florentin angezogen werden. Zu Recht, denn die Safran-, Zimt-, Muskat-,

Kardamon-, Kümmel-, Pfeffer-, Curry-Haufen, die in allen möglichen farbigen Schattierungen leuchten und von schreienden Verkäufern den feilschenden Kunden angepriesen werden, können nicht nur als Fotokulisse mit den Gewürzmärkten von Istanbul oder Marrakesch mithalten.

Die Geschichten, die sich in den Gassen verbergen, sind aber nicht auf den ersten Blick sichtbar. Ein echter Geheimtipp des Marktes ist zum Beispiel der in der dritten Generation geführte Gewürzhandel »Chavshush«, auf den nur einige hebräische Lettern neben einer grünen, garagenartigen Tür hindeuten. Auch dieser Laden, der einige der besten Tel Aviver Restaurants beliefert, hat eine typische Einwanderergeschichte zu erzählen, die die nach Tel Aviv ausgewanderte Autorin Andrea Livnat in einem wunderbaren Buch beschrieben hat[5]. Die Familie Chavshush gehört zu den jemenitischen Einwanderern, die während der fünften Aliya-Welle Anfang der 1930er Jahre nach Tel Aviv umsiedelte. Einen ersten Laden hatte die Familie am Carmel-Markt. Dann zogen sie in das Hafenviertel des arabisch geprägten Jaffa. Das Geschäft dort wurde 1947 durch einen Brandanschlag zerstört. Im selben Jahr kam der heutige Betreiber Arieh Chavshush im Haus neben dem heutigen Standort des kleinen Unternehmens in der Ha Chalutzim 18 auf die Welt. Seit er 20 ist, arbeitet er im Laden, den sein Vater gegründet hat, und führt ihn mit seinen Söhnen weiter.

Als jemenitische Juden gehört die Familie zu denen, die in Abgrenzung zu den mitteleuropäischen, ashkenazischen Juden als mizrachische Juden bezeichnet werden: Juden, die aus orientalischen und muslimisch geprägten Ländern wie Marokko, Iran, Irak oder eben dem Jemen kommen. Das Viertel Florentin, in dem der Levinsky-Markt liegt, verdankt seinen Namen dagegen griechischen Einwanderern: David und Solomon Florentin, die das Landstück in der Nähe der Bahnlinie nach Jerusalem Ende der 20er Jahre zu bewirtschaften begannen. Damals zogen griechische Juden aus Thessaloniki, die in ihrer Heimat verfolgt wurden, hierher.

Dass die Ecke rund um den Levinsky-Markt heute zu einem Hotspot der Jugend geworden ist, zu einem Künstler- und Ausgehviertel, dessen Gassen gerade nachts wegen der vielen Szenebars und trendigen Restaurants pulsieren, verdankt das Viertel nicht zuletzt einer Fernsehserie namens »Florentin«, die Ende der 90er Jahre in Israel lief. Im Untertitel, so könnte man sagen, hört sie auf den Namen Gentrifizierung und hat dafür gesorgt, dass die Preise auf dem Immobilienmarkt in die Höhe geschossen sind. Zwischen 2001 und 2010 stieg das Preisniveau, so ist zu lesen, um 65 % im Vergleich zu 45 % im übrigen Tel Aviv an.[6]

Ram Orion mag diese Entwicklung nicht. Er sagt: »Florentin war vor fünfzehn Jahren hip, als es noch laut und schmutzig war.« Er hat sich ganz bewusst für die andere Seite der Ha'Aliya Straße entschieden, die östliche Seite, die sich hinter der heruntergekommenen Markthalle mit ihrem hässlichen Parkplatz eröffnet. Neve Sha'anan heißt dieses Viertel, und tatsächlich merkt man sofort, dass man in eine andere Welt vordringt, wenn man von der Ha'Aliya Straße auf der Levinsky Straße nach Osten geht, die von hier bis zum Zentralen Busbahnhof von Tel Aviv führt. »Auf dieser Seite leben mehr Familien«, sagt Ram Orion. »Hier herrscht der Geruch des Grills, der sehr starke Geruch der afrikanischen Küche, ein Geruch, der manchmal ziemlich schrecklich ist, aber – was soll's.«

Sein Appartement war viel günstiger als ein vergleichbares in Florentin, aber es gibt auch in seiner

Straße Ateliers von bildenden Künstlern und Studios von Musikern. Was hier in Neve Sha'anan weitgehend fehlt, sind Szenekneipen und touristische Anlaufpunkte. Auch alteingesessene Israelis leben nur noch wenige hier, sie sind Richtung Norden in die »besseren« Viertel gezogen. Und die Menschen, die man hier auf den Bänken in den Straßen sitzen sieht, haben fast ausnahmslos afrikanische oder asiatische Wurzeln. Hier ist sie also, die Heimat der Gastarbeiter, der Flüchtlinge und Einwanderer. Hier wachsen die meisten Kinder der Bialik-Rogozin-Schule auf, in einem Umfeld, dessen multikulturelles Leben mit Sozialromantik nichts zu tun hat.

Die Menschen, die sich in diesem Armenhaus der Stadt ein neues Leben aufzubauen versuchen, streben etwas Paradoxes an, das Israel vor ein sehr aktuelles Problem stellt: den Aufstieg in die israelische Gesellschaft, eine Art nichtjüdischer »Aliya«. Sie wollen in der israelischen Gesellschaft Fuß fassen, zumindest eine dauerhafte Aufenthalts- und Arbeitserlaubnis erhalten. Eine der wesentlichen Voraussetzungen, die dieser erfolgreiche Migrationsaufstieg benötigt, ist das Erlernen der Sprache – und mehr noch: der Schrift.

Ist es ein Zufall, dass ausgerechnet hier, in der Chlenov Straße 15, zwei Brüder eine ganz besondere Werkstatt betreiben, die den Alphabetisierungsbemühungen jedes Neu-Israelis auf die Sprünge – oder richtiger auf die Tasten – hilft? Genau gegenüber der »Lasova Suppenküche«, einer Anlaufstelle für Obdachlose, haben sich Moshe und Chaim Kazir nämlich darauf spezialisiert, auf die Buchstabenfelder westlicher Computertasturen deren hebräischen Belegung einzugravieren. Denn auch wenn ein Nutzer seine Tastatur per Software auf das hebräische Alphabet umstellt, bleibt deren Gebrauch ihm meist ein Buch mit sieben Siegeln. Verblüfft berichtet die

Neu-Tel Aviverin Andrea Livnat, in welcher Geschwindigkeit das Brüderpaar die Tasten abmontiert, in der richtigen Reihenfolge in ihre Maschine steckt und im Nu hebräische Lettern eingraviert: »Moshe und Chaim geben dabei ein paar amüsante Geschichten zum Besten und genießen sichtlich, wenn ihre exakte Arbeit bewundert wird. In weniger als einer halben Stunde kann man das Geschäft mit einer erweiterten Tastatur verlassen, und so gibt es keine Ausreden mehr, nicht Hebräisch schreiben zu können.«[7]

Wenn das Erlernen der Sprache selbst doch genauso schnell und automatisiert ginge. Als Deutscher muss man dabei unwillkürlich an die Witze denken, mit denen sich die deutschen Juden, die Jeckes, nach ihrer Aliya über ihre eigenen Sprachschwierigkeiten amüsierten. Sagt ein Zuwanderer zum anderen: »Schämen Sie sich denn gar nicht, dass Sie nach so langer Zeit noch kein Hebräisch gelernt haben?« Antwortet der andere: »Schämen tue ich mich schon, aber das ist ja leichter, als sich eine so schwere Sprache anzueignen.«[8]

## 4

Ein paar hundert Meter nach dem Gravurladen gelangt man schließlich zu dem monströsen Bau, der wie kein anderer zum Symbol gescheiterter Stadtentwicklungspolitik geworden ist und das babylonische Sprachengewirr der Einwanderer als architektonische Realität verkörpert. Als verschlungene Betonmuschel schraubt sich der neue Zentrale Busbahnhofs Tel Avivs mit seinen Auf- und Abfahrten, die wie Gehörgänge ins Innere des Monstrums (und wieder hinaus) führen, über der Levinsky Straße in die Höhe. Das Projekt im Corbusier-Stil, nach 25 Jahren Bauzeit 1993 eröffnet, sollte als Verkehrsknotenpunkt, Einkaufszentrum und Quartiertreffpunkt ein visionäres Gesamtkunstwerk werden, geriet aber zum Verkehrsturmbau zu Babel, da sich kaum jemand, der sich ins Innere wagt, dort zurechtfindet.

Abfahrtsplattformen auf sechs Stockwerken, neunundzwanzig Treppen und dreizehn Lifte, dazu tausend Ladenparzellen, verteilt auf 230.000 Quadratmeter Gesamtfläche[9], waren schlichtweg zu viel für die Bedürfnisse Tel Avivs. Nach der Schließung von zwei Ebenen schlossen auch viele Geschäfte, und aus dem himmelsstürmerischen Shopping-Paradies wurde ein Investitions-Debakel, das die Betreiber schließlich bankrott gehen ließ. Zu dieser Zeit hatte sich anstelle der internationalen Modeketten längst das bunte Händlertreiben der Billigshops aus aller Herren Länder eingenistet. Wer durch die Korridore streift, findet ein Gewirr von Ständen, das an indische oder afrikanische Straßenmärkte erinnert. Zwischen bunten Tüchern, Kinderbekleidung und Handyzubehör werden Teigtaschen, Reispudding und andere Speisen aus aller Herren Länder zubereitet[10]. Dazwischen hört man die Sprachen der Menschen, die rund um den Busbahnhof leben, und sieht die Gestrandeten dieser Welt, die keine richtige Heimat finden.

Flankiert wird der Bahnhof von zwei weiteren, nicht minder umstrittenen Orten, die das Einwanderungsviertel prägen: dem Levinsky Park auf der einen Seite und der Fußgängerzone von Neve Sha'anan auf der anderen. Wer als Flüchtling in Süd-Tel Aviv ausgesetzt wird, findet im Levinsky Park seine erste Bleibe – und seine ersten Kontakte. Wie das abläuft, hat vor ein paar Jahren ein Undercover-Journalist recherchiert, der sich in Günter-Walraff-Manier in den »Levinsky-Staat« einschlich[11] und beschrieb, wie man sich in der Flüchtlingsgemeinschaft durchschlägt. Er besorgt sich die unverkennbaren »Saharonim-Schuhe«, die alle ehemaligen Häftlinge des

Auffanglagers von Saharonim besitzen, lernt die Fluchtgeschichte auswendig, die alle hier erzählen, und erfährt, wie man die ersten Schekel macht: indem man Handys oder Fahrräder klaut.

Für beides gibt es in der Neve Sha'anan-Fußgängerzone einen Schwarzmarkt. Wer diese Einkaufsstraße mit ihren Minisupermärkten und dubiosen Spelunken hinabstreift, kann die zugedröhnten Junkies und Kleinkriminellen nicht übersehen, die hier ihren Alltag fristen[12]. Hier, wo nach 2002 drei Selbstmordattentate von palästinensischen Terroristen verübt wurden (bei denen viele Einwanderer ums Leben kamen), mag heute tagsüber ein bunter Marktflair herrschen – nachts verwandelt sich die Fußgängerzone in eine zwielichtige Schneise, in der Alkohol, Drogenhandel und Prostitution regieren.

Es ist diese dunkle Seite von Neve Sha'anan, die die Knessetabgeordnete Miri Regev vor einigen Jahren zu einem verächtlichen Verdikt über die Flüchtlinge verleitete. Die ehemalige Armeesprecherin, Mitglied von Netanjahus Regierungspartei »Likud«, nannte die Afrikaner »den Krebs in unserem Körper«[13]. Auch wenn sie ihre Aussage später zu relativieren versuchte, wirkt die Provokation dieser Worte bei den Regierungskritikern immer noch heftig nach. Besonders pikant und empörend in deren Augen: dass Miri Regev heute Israels Ministerin für Kultur und Sport ist.

Auch der Bildungsdezernent von Tel Aviv weist ihre Äußerung scharf zurück. Assaf Zamir ist ein dunkelblonder, junger Mann, der sein Büro im zehnten Stock des Rathauses hat und von hier oben einen übergeordneten Standpunkt einnimmt, was die Flüchtlinge angeht – einen Standpunkt, der ebenso realpolitisch wie humanistisch ist:

»Sie werden von den Politikern beider Lager benutzt, von den Linken wie von den Rechten. Die rechten Politiker kommen und sagen, sie sind der Krebs. Und die linken sagen, die Anwohner sind alle Rassisten. Aber keiner hilft ihnen wirklich. Im Grunde ist die Regierung nur zu feige, den Anwohnern die Wahrheit zu sagen – nämlich dass sie sich besser damit abfinden, dass die meisten Einwanderer für immer hier bleiben werden. Es ist in ihrem eigenen Interesse, ihnen dabei zu helfen, den höchstmöglichen Lebensstandard zu erreichen. Denn es ist für alle besser, unter Menschen zu leben, die ein Leben in Würde führen können.«

*Assaf Zamir*

Assaf Zamir sagt das mit großer Verve und starkem amerikanischem Akzent. Das passt zu den Plastikfiguren von Comichelden, die auf allen Fenstersimsen stehen: der Zwerg Yoda aus *Krieg der Sterne* und die Superhelden aus der Marvel-Welt, dazu ein Comicporträt von Ben

Gurion. Es ist, als würden sie von hier oben ihre Hände schützend über die Kinder der Bialik-Rogozin-Schule ausbreiten:

»Es ist nur an einem Ort wie Tel Aviv möglich, dass eine Stadtregierung sie unterstützt, aber sie haben eine gute Erziehung verdient. Die Zahl der Gastarbeiter und Asylbewerber ist in ihren Vierteln so groß, dass wir weitere Schulen für sie benötigen werden.«

Gitarrenlegende Ram Orion gehört zu den Anwohnern, die die Zuwanderer als Bereicherung empfinden. Allerdings vermutet er ein zynisches Kalkül hinter ihrem massenhaften Zuzug nach Neve Sha'anan. Die Immobilienbranche, glaubt er, nutzt sie schlichtweg aus:

»Sie stecken fünfzehn Leute in eine Wohnung und kassieren von jedem 200 Euro. Sogar im Erdgeschoss, wo früher Lagerraum war, leben jetzt zwei Familien.« Ziel und Zweck des Ganzen, so meint Ram Orion, sei es, die angestammte Bewohnerschaft aus dem Viertel zu verdrängen. So könnten die Immobilienspekulanten irgendwann ein großes Investitionsobjekt planen und die weitgehend rechtlosen Migranten bei Baubeginn im Handstreich vertreiben.

Dabei leugnet Ram Orion keineswegs, dass es hier Kriminalität gibt – er hat es am eigenen Leib erfahren. »Mein Fahrrad war weg. Meine Freundin und ich sind zur Neve Sha'anan Fußgängerzone gegangen. Während sie die Polizei rief, verschwanden viele von ihnen. Da waren zwanzig, dreißig geklaute Fahrräder, und da keiner etwas sagte, nahm ich mir meines zurück.«

Nur wer dieses soziologische Kaleidoskop vor Augen hat, wer sich in das vielschichtige Nebeneinander von israelischer Gesellschaft, multikulturellem Überlebenskampf und kriminellem Dunkel hineindenkt, kann sich annähernd ein Bild davon machen, wie es für ein Kind sein muss, das hier aufwächst: oft mit nur einem Elternteil, den ganzen Tag auf sich allein gestellt, ohne Anbindung zur Heimatgesellschaft. In der trendigen Gentrifizierungswelt von Florentin mit ihren hohen Mieten und hippen Bars haben die Kinder von Neve Sha'anan nichts zu suchen. Im zwielichtigen Umfeld des Zentralen Busbahnhofs werden sie dauernd mit den verlockenden Möglichkeiten der Kleinkriminalität konfrontiert. Wo würden sie ihre Tage verbringen, wenn sie nicht die Bialik-Rogozin-Schule hätten, in der sie ein echtes Zuhause finden?

Ram Orion, der Nachbar, ist überzeugt: »Die Schule ist fabelhaft. Die Lehrer wollen wirklich dort und nirgendwo anders unterrichten. Sie stecken viel Leidenschaft in den Unterricht. Es ist eine wirklich gute Schule, und wahrscheinlich werden wirklich gute Menschen aus ihr hervorgehen. Das ist mein Eindruck. Sie sind eine großartige Ergänzung zur israelischen Gesellschaft.«

# DIE SCHÖNEN GESICHTER VON ISRAEL 5

## Elazar Friedman und die Wunder, die ehrenamtliche Helfer bewirken

### 1

Er steht hoch oben über der Stadt, in einem der gläsernen Wolkenkratzer, die sich über Tel Aviv erheben. Der Blick reicht von den endlosen Vorstädten bis zu den Hoteltürmen am Mittelmeer. Unten liegt Tel Avivs Ausgehpark Sarona, ein idyllisches, denkmalgeschütztes Ensemble alter Häuser, die nach ihrer aufwändigen Renovierung schicke Restaurants und Geschäfte beherbergen. Wer dort unten speist oder spazieren geht, blickt unweigerlich zu den Wolkenkratzern auf und fragt sich: Was sind das für Menschen, die hinter den spiegelnden Glasfronten leben? Wer kann sich solch eine Wohnung leisten?

Elazar Friedman ist einer von ihnen. Der Glasturm, in dem er wohnt, ist erst vor Kurzem weltweit durch die Presse gegangen. Im Shoppingzentrum Sarona Market, das sich im Basement seines Wolkenkratzers befindet, fand ein Terroranschlag auf das Café *Max Brenner* statt, bei dem vier Besucher getötet wurden[1]:

»Meine Frau und ich sind fünf Minuten nach dem Shooting nach Hause gekommen«, erzählt Elazar Friedman. »Da hatte die Polizei die Terroristen noch nicht aufgespürt.«

Die Angst vor Terrorattacken ist einer der wesentlichen Gründe, warum Menschen in der westlichen Welt die Zuwanderung von Fremden stoppen wollen. Gerade muslimische Migranten, die sich radikalen Islamisten angeschlossen haben könnten, versetzen Israelis – genau wie Deutsche – in Schrecken.

Elazar Friedman hat auch Angst vor Attentaten. Aber der ehemalige Chef der IBM-Personalabteilung macht sich zugleich für den Friedensprozess zwischen Israelis und Palästinensern stark und setzt sich vehement für die Integration von Einwanderern ein. Als einer der ehrenamtlichen Helfer ist er regelmäßig an der Bialik-Rogozin-Schule, hilft mit Rat und Tat und hat drei Schüler »adoptiert«, wie er sagt.

»Ich übernehme jede Mission, die sie mir geben. Ich komme mindestens einen Tag pro Woche an die Schule. Meine persönliche Befriedigung ziehe ich daraus, die Kinder stärker zu machen.«

Einer seiner Schüler ist der vierzehnjährige Abdallah Salhia. Er stammt aus Danun, einem arabischen Dorf im Norden, nahe der libanesischen Grenze. Sein Vater lebt in Jordanien, er hat ihn fünf Jahre nicht gesehen, ist mit Mutter und Brüdern nach Tel Aviv gezogen. Als Palästinenser hat er es schwer in der israelischen Gesellschaft.

»Sie nennen mich Terrorist, auch an der Schule«, sagt Abdallah, »aber nur im Spaß. Ich bin hier gut aufgenommen wurden. Würde ich auf eine jüdische Schule gehen, wäre ich nicht so willkommen wie hier.«

Elazar Friedman findet deutliche Worte für die Behandlung von Arabern in Israel: »Wir sind kein normales liberales Land, obwohl wir das behaupten. Die Araber leben bei uns als Bürger zweiter Klasse.«

Entsprechend eindeutig ist seine Position in der Flüchtlings- und Gastarbeiterfrage. Als jemand, der ein Leben lang in der Wirtschaft gearbeitet hat, macht er nicht nur den humanistischen Aspekt geltend, sondern auch den ökonomisch-demographischen.

»Lasst uns eines klarstellen. Alle, die hier sind, werden Staatsbürger werden. Lasst sie hier arbeiten. Wir brauchen sie.«

## 2

Wie kommt einer wie Elazar Friedman dazu, seine Nachmittage mit Einwandererkindern aus Danun, Addis Abeba oder Manila zu verbringen? Könnte er nicht stattdessen in einer Luxusyacht durch die Südsee gleiten? In St. Tropez den Lebemann spielen und in der High Society die Champagnerkorken knallen lassen?

*Elazar Friedman*

Keine Frage, er könnte. Wer in einem Wolkenkratzer in Sarona lebt, kann sich auch eine Wohnung am Central Park West in New York leisten oder ein Appartement in Londons schicksten Stadtteilen. Doch so erfolgreich Elazar Friedman auch bei IBM war, so überzeugt er sich als Verfechter der freien Wirtschaft positioniert, die die Immobilienpreise in Tel Aviv in Wolkenkratzerhöhen steigen lässt: Er ist gleichzeitig ein sozial eingestellter Mann, dem alles Abgehobene fremd ist. Der Mann, der kurzes graues Haar hat und eine Brille trägt, ist seit dreißig Jahren verheiratet und hat drei erwachsene

Kinder. Seit der Pensionierung hat er Zeit, Gutes zu tun.

Vor einigen Jahren ist er eines Nachmittags zufällig an der Bialik-Rogozin-Schule vorbeigelaufen, die er bis dato nicht kannte:

»Ich vertrete die Angestelltenvereinigung beim Arbeitsgericht. Das Gericht liegt in der Nähe der Schule. Ich habe meinen Kopf hineingesteckt, habe mit der Sekretärin gesprochen, die mir Eli Nechama vorgestellt hat. Der Rest ist Geschichte.«

Eine Geschichte, der man aber durchaus etwas Aufmerksamkeit zuteilwerden lassen kann. Spulen wir noch einmal zurück und stellen wir uns die Szene vor. Da ist der ehemalige IBM-Mann, der nach einem Gerichtstermin die brodelnde Ha'Aliya Straße entlanggeht und auf das Geschrei der Kinder auf dem Schulhof aufmerksam wird. Fasziniert starrt er auf das bunte Durcheinander und wird neugierig. Er fragt beim Wachmann, wo das Sekretariat ist, und stößt im Inneren auf eine kleine, rotblonde Dame mit Brille. Ist sie die Schuldirektorin? Nein, sie ist die Ehrenamtlichen-Koordinatorin. Sari Levy hat viele solcher Besucher, die bei ihr hereinschneien, oder Überraschungsanrufer, die ihr telefonisch ihre Hilfe antragen:

»Meine Aufgabe ist es, erstmal mit den freiwilligen Helfern zu reden und herauszufinden: Wie alt sind Sie? Von wo kommen Sie? Was möchten Sie machen? An welchen Tagen wollen Sie kommen? Zu welcher Uhrzeit? Es gibt Leute, die nach der Arbeit um sechs Uhr kommen wollen, denen muss ich sagen: Sorry, das geht nicht, das ist zu spät. Möchten Sie mit der ersten oder zweiten Klassenstufe arbeiten? Möchten Sie ihnen lesen und schreiben beibringen? Wollen Sie mit einem älteren Schüler arbeiten? Möchten Sie der Pate für ein Kind werden, mit ihm regelmäßig zusammensitzen?«

*Nava Levy Sandberg und Sari Levy*

Auch Elazar Friedman muss ihren Fragenkatalog beantworten. Er selbst möchte sich wiederum zunächst über die Schule informieren, möchte mehr über die Kinder und ihr Schicksal wissen. Er hört Sari Levy aufmerksam zu, die selbst das lebende Beispiel für das Engagement der Freiwilligen ist:

»Ich bin 68. Ich mache das nun seit zehn Jahren. Ich war 38 Jahre lang Lehrerin an einer anderen Schule. Es war eine russische Schule. 2001 sind sieben der Kinder bei einem Bombenanschlag auf einen Nachtclub am Strand ums Leben gekommen. Es war schrecklich. Ich bin in Frühpension gegangen und als Ehrenamtliche hierhergekommen. Ich versuche, für die freiwilligen Helfer den richtigen Weg zu finden. Es ist unglaublich, was an dieser Schule geschieht. Das ist es, was mir Kraft in meinem Alter gibt, weshalb ich nach wie vor solche Energie habe.«

Sari Levy bringt Elazar Friedman in das angrenzende Büro von Eli Nechama. Na klar: Ein Ehrenamtlicher wie er ist ein Geschenk des Himmels. Jemand mit solch großer Erfahrung, solch guten gesellschaftlichen Kontakten, solch exzellentem Know-How. Der Schulleiter empfängt den ehemaligen IBM-Manager mit offenen Armen. Er erkennt in ihm jemanden, der den Spirit seiner eigenen Familie in sich trägt, das Helfer-Gen seiner Eltern, die auch immer ehrenamtlich gearbeitet haben. Und Elazar Friedman? Woher rührt seine soziale Ader?

»Ich komme aus einer sehr religiösen Familie. Mein Großvater war der Oberrabbiner von Zfat. Meine Mutter war Schullehrerin. Mein Vater arbeitete für die Zeitung ›Davar‹, eine sozialistische Zeitung, die einst die größte Zeitung in Israel war. Als die Arbeitervereinigung zusammenbrach, wurde sie eingestellt. Von den Lebensumständen her waren wir nicht reich.«

Elazar Friedman, der oft Poloshirts trägt, die er anders als die meisten Israelis akkurat in die Hose steckt, hat dann eine steile Karriere bei IBM gemacht. Bevor er zum Personalleiter der israelischen Niederlassung von IBM aufstieg, arbeitete er drei Jahre für den Konzern in Paris. Er hat sich immer der Sozialdemokratie nahe gefühlt, hat nie ideologische Grenzen gekannt, hat schon in den 1970er Jahren Deutschland besucht, hier viele Geschäftsfreunde gefunden.

Als Personalmanager hat er Hunderte von Beratungsgesprächen geführt, hat auch als Mediator in vielen Konfliktsituationen vermittelt. Schnell ist für ihn der richtige Weg gefunden. Er wird Pate von gleich drei Schülern – und zieht daraus bis heute große Befriedigung.

»Ich habe mich der Ehrenamtlichen-Aufgabe verschrieben, weil ich den Fortschritt meiner Schüler sehen kann. Ich sehe, dass sich etwas bewegt.«

Elazar Friedman ist nur einer von 340 Ehrenamtlichen der Bialik-Rogozin-Schule und gleichzeitig einer, der herausragt. Dennoch, es spielt keine Rolle, wie groß der freiwillige Beitrag der Helfer ist. Sari Levy hat für sie alle einen Namen, der ihre Leistung würdigt:

»Es ist eine aufregende Sache. Ich nenne sie *die schönen Gesichter von Israel*. Die, die anrufen und ehrenamtlich helfen wollen, sind für mich schöne Menschen mit einem schönen Geist.«

**3**

Warum ist der »schöne Geist« ehrenamtlichen Helfens an der Bialik-Rogozin-Schule so stark ausgeprägt? Wie vermochte Eli Nechama so viele Außenstehende zu motivieren, während es anderen Schulen oft schon am geringsten Engagement der Eltern mangelt?

In diesem Fall ist es ausnahmsweise nicht der umtriebige Schulleiter, der sich die Lorbeeren anstecken kann; das Ehrenamtlichenprogramm ist ihm bei seinem Amtsantritt bereits in die Wiege gelegt worden: von einer Frau, die aus der besten Gesellschaft Israels stammt. Rina Zamir ist eine wirkliche Dame. Auch jetzt, wo sie zwischen den herumspringenden Kindern durch den Schulflur geht, kann man ihr den Adel, den sie besitzt, auf den ersten Blick ansehen. Sie gehört der Elite des Landes an, hat aber, wie sie betont, nichts mit dem Establishment der Netanjahu-Regierung am Hut, nichts mit der konservativen Führungsschicht, die aus machtpolitischen Gründen auch mit den ultrarechten, religiösen Parteien Koalitionen eingeht.«

»Von Beruf bin ich Stadtplanerin«, erzählt sie im kleinen Konferenzzimmer. »Ich war bei der Jerusalemer Generaldirektion des Wohnungsministeriums beschäftigt. Mein Mann war Richter am Obersten Gerichtshof von Israel.

*Rina Zamir und Eli Nechama*

Meine Tochter, die Geschichtslehrerin ist, begann, hier an der Schule zu unterrichten. Sie fragte mich, ob ich helfen könne.«

Es sind die schwierigen Umbruchsjahre der Schule, als sich das Gesicht von Süd-Tel Aviv durch den Zuzug neuer Immigranten zu verändern beginnt. Das Schulgebäude, das damals nur die Rogozin-Schule beherbergt, ist von der Bausubstanz her marode und steht wegen des Schülerrückgangs kurz vor der Schließung. Rina Zamir (die die Tante des Bildungsdezernenten von Tel Aviv, Assaf Zamir, ist) hat nach dem Hilferuf der Tochter einen entscheidenden Einfall: Sie wendet sich an ihren guten Freund Yossi Vardi.

Yossi Vardi ist schon damals einer der erfolgreichsten und aktivsten Hightech-Unternehmer der Welt. »Der Vorzeige-Kapitalist« ist, wie das »Handelsblatt« schreibt, ein »Trüffelsucher für die Hochtechnologie-Branche. Ob Internet, Software, Telekommunikation, Energie oder Umweltschutz – in den vergangenen vier Jahrzehnten hat Yossi Vardi gleich mehrere Dutzend Firmen in Israel gegründet und sie zum Laufen gebracht. Als ›Start-up-Guru‹ bezeichnet das US-Magazin ›Business Week‹ den Mann mit der hohen Stirn und dem auffälligen Schnurrbart«[2]. Doch Vardi, der beim Weltwirtschaftsforum u.a. den ehemaligen US-Außenminister John Kerry beriet und die wirtschaftlichen Kooperationsverhandlungen mit Jordanien, Syrien und den Palästinensern begleitete, hat eine stark soziale Ader und engagiert sich selbst als ehrenamtlicher Helfer bei vielen Bildungseinrichtungen. Eine davon: die Schule, deren Schüler 2001 beim Attentat auf die Stranddiskothek getötet wurden. Es ist dieselbe Schule, an der Sari Levy Lehrerin ist. Nicht zu vergessen: Einer ihrer Kollegen ist Eli Nechama.

Als Rina Zamir den unkonventionellen Unternehmer fragt, ob er sich der Zuwanderer-Schule in Neve Sha'anan annehmen wolle, zögert der vielbeschäftigte Mann zunächst. Und entschließt sich dann doch vorbeizuschauen. Sein Besuch stellt alles auf den Kopf. Von einem Tag auf den anderen zettelt Yossi Vardi mit Rina Zamir eine Revolution in der Schulpolitik des Viertels an und legt den Grundstein für das Projekt, das unter dem Namen Bialik-Rogozin-Schule weltberühmt werden wird. Beide aktivieren ihr Netzwerk, machen Lobbyarbeit, veranstalten Basare, um Spendengelder zu sammeln.

»Er half unermüdlich mit seinen hervorragenden Beziehungen zu Verbänden, Firmen und reichen Leuten«, sagt Rina Zamir. »Er brachte sie dazu, die Schule zu besuchen, und bat sie, etwas zu spenden. Das half sehr. Wir hätten es ohne sein Geld nicht geschafft, vor allem auch nicht die Renovierung des Gebäudes.«

Die Tel Aviver Stadtbehörde beschließt, die Rogozin-Schule am Leben zu erhalten, indem sie sie mit der Bialik-Grundschule fusioniert. Neue Schulleiterin wird die stellvertretende Schulleiterin der Schule mit den Anschlagsopfern. Ihr Name: Karen Tal. Der Kreis schließt sich.

»Karen hatte die Idee, aus der Schule eine ganzheitliche Einrichtung zu machen, bei der jedes einzelne Kind in seiner Familiensituation betrachtet werden sollte. Sie wollte jedem Kind die Möglichkeit geben, bis zum Abend in der Schule zu bleiben.«

Der Gedanke der Erziehungs-Präsenz – das generelle Fürsorge-Prinzip, das noch heute im Mittelpunkt der Schule steht – wird in diesem Moment geboren. Doch die Umsetzung erweist sich als schwierig, da die Kosten von der Kommune nicht getragen werden können. Es fehlt an Geld und an Personal. Wieder gibt es nur einen Weg: Private Sponsoren und ehrenamtlich arbeitende Spezialisten müssen gefunden werden.

»Alles, was wir benötigten, bekamen wir entweder in Form von Geld oder in Form von Zeit. Was bedeutete, dass Professoren oder Ärzte aus verschiedenen Kliniken zur Schule kamen, die Augen und Zähne der Kinder untersuchten und sie mit dem Nötigen versorgten.«

Noch immer erscheint das Ganze vielen nichts weiter als ein Spleen von Gutmenschen zu sein. Selbst Ron Huldai, der Bürgermeister von Tel Aviv, der dem Ganzen gewogen ist, glaubt zu diesem Zeitpunkt nicht an den Erfolg. Aber Rina Zamir hat mit Yossi Vardi längst etwas angestoßen, das sich nicht mehr rückgängig machen lässt. Der Bialik-Rogozin-Spirit hat bereits viel zu viele Menschen infiziert. Und so wie Yossi Vardi ein Meister unternehmerischen Networkings ist, erweist sich Karen Tal – neben ihrer visionären Kraft als Bildungsmanagerin – als PR-Genie, das den Ruf der Schule in

*Schülerinnen der Bialik-Rogozin-Schule*

*Erstaunen über den Besuch aus Deutschland*

*Berhe Gonetse und Devora Schlesinger*

*Michelle Mombi, Abbigail Singh, Rabbi Cruz, Keren Singh*

*Eli Nechama und Rina Zamir im Kreis von Schülern*

*Schulleben an der Bialik-Rogozin-Schule: Der Pausenhof …*

*… der Garten rund um die Welt …*

*… der Musikunterricht …*

*… und die Tanzstunde.*

*Lehrerin Israa Zatunia*

*Elazar Friedman mit seinem Patenschüler Abdallah Salhia*

*Lehrerin Zehava Yeis*

*Nava Levy Sandberg und Sari Levy im Büro von Eli Nechama*

*Im Einwandererviertel Neve Sha'anan …*

*… bereiten die Kinder …*

*... die Gedenkfeier der Bialik-Rogozin-Schule ...*

*... zum Memorial Day vor.*

*Annette Uttendorfer (6. v. r.) mit Schülern der UNESCO-Schule*

*Rumeysa Koc in Jerusalem*

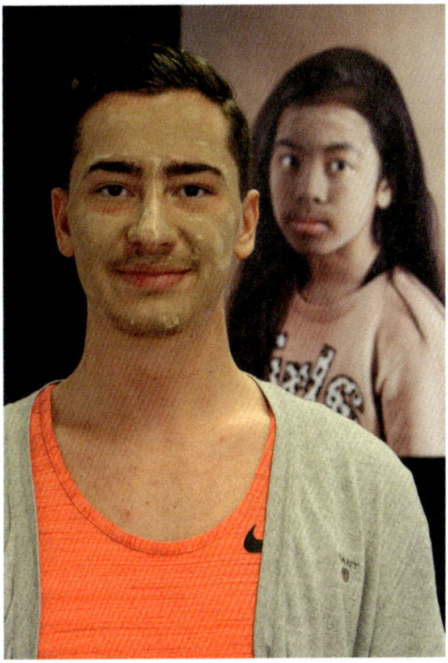

*Manuel Muflizović mit bemaltem Gesicht an der Bialik-Rogozin-Schule*

*Eli Nechama und Klaus Kirstein nach dem Kunstunterricht*

*Johnson Blay und Steven Lieu beim Besuch der Klagemauer*

*Soni Kammel und Alex Rimbaris in Jerusalem*

*Die abendliche Gedenkzeremonie am Memorial Day*

*Yael Fisher Avitan trägt einen der Kränze …*

*… die Kinder führen ihre einstudierten Figuren vor.*

*Das multikulturelle Tel Aviv feiert am Rabin-Platz Independence Day …*

*… während Rabbi Cruz und seine Cousine in einem Restaurant arbeiten.*

*Die Schüler von Bialik-Rogozin- und UNESCO-Schule besichtigen gemeinsam Tel Aviv-Jaffa.*

alle Himmelsrichtungen verbreitet und immer weitere Ehrenamtliche anzieht.

Mehr als ein Jahrzehnt später weiß niemand besser als Rina Zamir, welch unglaubliches Potential in ehrenamtlicher Arbeit verborgen liegt:

»Sie können etwas beitragen und werden dabei glücklicher. Besonders die, die im Ruhestand sind und nicht wissen, was sie mit ihrer Zeit anfangen sollen. Man muss kein Lehrer sein, um sich mit einem kleinen Kind hinzusetzen und ihm Lesen, Schreiben und Rechnen beizubringen. Ich bin mir absolut sicher, dass die meisten Schulen diesen Geist entwickeln können. Man braucht einen guten Schulleiter wie Eli Nechama.«

## 4

»Eli leistet hier großartige Arbeit, indem er die Ehrenamtlichen am täglichen Leben der Schule teilhaben lässt«, sagt auch Elazar Friedman. »Das ist seine Größe. Sein Wesen beruht auf seiner emotionalen Art als Schauspieler. Er gibt das den Ehrenamtlichen weiter. Ehrenamtliche Helfer zu halten ist eine sehr schwierige Angelegenheit.«

Der ehemalige IBM-Mann hat früher selbst viel mit freiwilligen Helfern gearbeitet. Am ersten Tag, erinnert er sich, ist der Tatendrang immer ungebrochen: Alle bringen himmelsstürmende Ideen ein, wollen Berge versetzen. »Beim zweiten Mal taucht keiner mehr von ihnen auf.«

Elazar Friedman ist an diesem Nachmittag an die Schule gekommen, um seine Unterrichtsstunde mit Abdallah zu absolvieren. Auf dem Weg in die Bibliothek, dort, wo er mit dem jungen israelischen Palästinenser immer zusammensitzt, erklärt er noch einmal, worin der Kern ehrenamtlicher Hilfe für ihn besteht:

»Die Ehrenamtlichen füllen ein Vakuum. Das betrifft nicht notwendigerweise das Unterrichten, aber den emotionalen Aspekt. Wer emotional verletzt ist, kann kein richtiges Leben führen.«

Mit anderen Worten: Die hilfsbedürftigen Zuwandererkinder, die schwere Fluchttraumata erlitten haben oder zu wenig Aufmerksamkeit von ihren Eltern bekommen, benötigen das Gefühl, dass sich jemand um sie kümmert, dass sie nicht einfach nur in der Mühle eines Schulsystems stecken, das an ihnen den Lehrplan des fremden Landes »vollstrecken« will, sondern dass jemand sich für sie als Menschen interessiert. Bei den vielen Schülern und der überbordenden Arbeitsflut können festangestellte Lehrer das naturgemäß nur in beschränktem Maße leisten. Das ist genau die Leerstelle, in die die ehrenamtlichen Helfer mit ihrem Engagement stoßen.

Es ist jedenfalls genau das, worauf es bei Abdallah Salhia, dem jungen israelischen Palästinenser, ankommt.

»Abdallah ist sehr, sehr gut«, sagt Elazar Friedman. »Er ist sehr gut im hebräischen Lesen, in Englisch, sogar in Mathematik. Aber er ist so schüchtern. Er wird Erfolg haben, wenn er auf seinem Weg kontinuierlich bestärkt wird.«

Abdallah ist ein großgewachsener Jugendlicher, der deutlich älter als 14 aussieht. Er trägt eine Baseballmütze, die er tief ins Gesicht gezogen hat, als ob er sich dahinter verstecken wollte. Tatsächlich traut er sich kaum, etwas zu sagen. Es braucht viel Ermunterung, bis er etwas von sich preisgibt:

»Ich wohne drei Minuten von der Schule entfernt«, sagt er schließlich. »Zuhause in meinem Dorf Danun gab es keine Arbeit, ich konnte dort nur herumhängen. Hier habe ich Arbeit und Geld.« Das heißt, er hat hier einen

Job? »Ich jobbe in der Sonnenbrillenfabrik ›Caroline Lemke Berlin‹. Die Firma hat ›Berlin‹ nur hinzugefügt, weil es schick ist.« Und sein Hobby? »Fußball. Ich bin Fan von Real Madrid.«

Es fällt Abdallah Salhia schwer, sein Gegenüber direkt anzusehen. Sein Blick schweift lieber nach unten, dabei hat er ein verlegenes Lächeln im Gesicht. Elazar Friedman erklärt, woher das schwache Selbstbewusstsein des Jungen rührt. Sein Vater, der aus Jordanien stammt, war oft im Gefängnis, hat die Familie zwar besucht, ihr aber auch immer wieder Probleme gemacht. Nun ist er wieder in Jordanien und darf nicht mehr einreisen. Abdallah hat ihn seit fünf Jahren nicht mehr gesehen. Er hat zwei Brüder, aber ihm fehlt eine Vaterfigur.

»Abdallah ist ein sehr netter Kerl und sehr intelligent, aber er braucht etwas ›Fein-Tuning‹, was sein Auftreten angeht. Er braucht ein männliches Vorbild, um sein ganzes Potential auszuschöpfen. Ich habe ihm gesagt, die wichtigsten Fächer sind Mathematik, Englisch und Hebräisch, dann Arabisch. Bei deiner Stellung innerhalb der israelischen Gesellschaft musst du viel mehr als andere investieren, nur damit du über die Runden kommst.«

Elazar Friedman hat Abdallah, genau wie seinen beiden anderen Patenschülern, die Welt der Aktien nahegebracht. Er hat ihnen am Schulcomputer gezeigt, wie die Kurskurven großer Aktienunternehmen funktionieren. Regelmäßig verfolgen sie zusammen die Aktienkurse von Google, Facebook, Apple oder IBM. Ein guter Plan, mit dem er ihnen ein spielerisches Verständnis von der modernen Gesellschaft vermitteln möchte. Allerdings offenbart das Projekt auch die Tücke der sozialen Situation, in der die Schüler leben. Als er Abdallah fragte, ob er die Kurse auch zuhause weiterverfolgt habe, hat dieser verneint. Warum nicht? »Ich habe zuhause keinen Computer.«

Und dennoch, Abdallah hat Blut geleckt. Sein bester Freund an der Schule ist Sohrove Djaniu, der aus Usbekistan stammt und das Land mit den Eltern wegen der wirtschaftlichen Perspektivlosigkeit verlassen hat. Der Sechzehnjährige, dessen Mutter Muslimin ist, konnte wegen des jüdischen Großvaters auf der väterlichen Seite Aliya machen und möchte Informatiker werden. Sein Vorbild ist kein Geringerer als Steve Jobs. Und was sagt Abdallah, wenn man ihn nach seinem Berufsziel fragt: »Ich will etwas mit IT machen, Computerfachmann werden.«

Elazar Friedman lobt Abdallah Salhia zum Schluss. In seiner Stimme schwingt seine Erfahrung aus der Personalentwicklung mit:

»Der Prozess verläuft sehr gut. Er hat eine Menge dazugelernt. Das ist es, was wir ›Empowerment‹ nennen: Stärkung der persönlichen Fähigkeiten.«

**5**

Sari Levy hat noch etwas Grundsätzliches zur Situation der Flüchtlinge und Gastarbeiter zu sagen: »Wir müssen ihnen helfen, denn die Welt spielt verrückt. Sie werden nie zurückgehen. Wohin auch? Außerdem brauchen wir sie. Denn die Israelis – genau wie die Deutschen, die Franzosen und alle anderen in der westlichen Welt – wollen nicht die schwere Arbeit machen. Sie wollen nicht putzen, Teller spülen oder bei 50 Grad in der Landwirtschaft arbeiten. Selbst die schlechteste Lebenslage, die sie hier in Israel haben, ist viel viel besser als alles, was sie erwartet, wenn sie zurückgehen. Angela Merkel hat verstanden, dass man sie aufnehmen muss. Auch in Deutschland – ihr kriegt dort nicht genug Kinder, nicht wahr? Behandelt sie menschlich. Vielleicht werden sie euch das dann zurückgeben.«

Rina Zamir stößt in ein ähnliches Horn: »Wenn sie erst einmal hier sind, kann man sie nicht wieder deportieren. Man kann keine Menschen hinauswerfen, die keinen anderen Platz haben, wo sie hingehen können. Gerade Juden, die so viele Jahre selbst Flüchtlinge waren und aus so vielen Ländern hinausgeworfen wurden, können dies nicht tun.«

Elazar Friedman glaubt fest an den Erfolg ehrenamtlichen Engagements: »Es sind Menschen, die nach einem Leben suchen. Nennen wir sie Armutsflüchtlinge. Meine Botschaft an sie lautet: Wenn du dir etwas abverlangst, wirst du es schaffen. Was man tun muss, ist, ihnen Mut und Kraft zu geben, daran zu glauben, dass es möglich ist. Denn wo auch immer sie hinkommen, spricht man ihnen das ab.«

# 6 DRAMEN ZWISCHEN ASYL UND AUSWEISUNG

## Megi Demçe und die Frage: Wer darf Deutscher sein?

### 1

Sie ist die Schülersprecherin der Schule: ein bildhübsches Mädchen mit zurückgebundenem schwarzen Haar, in dessen olivbraunen Gesicht ein schüchternes Lächeln schimmert. Zugleich ist da eine tiefe Traurigkeit, die in ihren Augenwinkeln hängt. Megi Demçe ist nicht nur die Schülersprecherin der Schule, sondern auch ein Mädchen, das mit ihren Eltern aus Deutschland ausgewiesen wird. Und das, obwohl sie hier Sicherheit vor Menschenhändlern gefunden hat, die sie in ihrer Heimat in die Zwangsprostitution verschleppen wollten. Als sie sie zu entführen versuchten, konnte sie in letzter Sekunde entkommen.

»Es war der 9. Mai, und ich wollte zur Schule gehen«, erinnert sie sich. »Es war früh am Morgen, etwa 7 Uhr 30. Mein Zuhause ist zwei Stationen mit dem Bus von der Schule entfernt. Um diese Zeit sind nicht viele Leute auf der Straße. Ich war allein, als ein schwarzes Auto mit drei Personen angefahren kam. Sie sind aus dem Auto gesprungen, mit Messern bewaffnet, einer hat gesagt: Ins Auto einsteigen!«

Das Unfassliche hat sich vor drei Jahren in Tirana abgespielt. Megi ist damals 14, das perfekte Opfer für Menschenhändlerbanden. Sie gehört der Ashkali-Minderheit an, einer Volksgruppe, die in der albanischen Gesellschaft ganz unten steht. Anders als Sinti und Roma, die ebenfalls diskriminiert werden, haben Ashkali keine gesellschaftliche Lobby, weshalb ihre Rechte nach Belieben mit

Füßen getreten werden können. »In der Schule wurde ich immer wegen meiner Hautfarbe belästigt. Niemand wollte neben mir sitzen. Ich kam jeden Tag nach Hause und habe geweint, weil sie mich geschlagen haben.«

*Megi Demçe*

Weil niemand ihnen Beistand gewährt, werden Ashkali-Mädchen von organisierten Banden zur Sexarbeit versklavt[1]. Megi hat von solchen Fällen gehört, von einem anderen Ashkali-Mädchen: »Sie war erst 10. Sie lebte in einem Dorf, wo es nicht viele Autos gibt. Sie ist seit sechs Jahren verschwunden. Andere Kinder, denen so etwas passiert ist, sind nicht mehr zurückgekommen.«

Als der schwarze Wagen an jenem Morgen vor ihr bremst und die Männer sie mit Messern bedrohen, erstarrt sie in Panik. Sie begreift auf der Stelle, welches Schicksal ihr droht. Sie ist gegen die bewaffneten Männer machtlos. Als alles schon verloren scheint, taucht am

Ende der leeren Straße, an der Kreuzung, überraschend ein anderer Wagen auf. Der Fahrer des Wagens blickt herüber, die Blicke der Männer messen sich.

»Ich hatte viel Angst. Ich wusste nicht, was ich machen soll. Der Mann ist sofort wieder in das schwarze Auto eingestiegen und fuhr weg. Beide Autos.«

Megi Demçe hat Glück. Ihr Puls schlägt bis zum Hals. Sie stürzt nach Hause, berichtet aufgelöst ihren Eltern, was passiert ist. Ihr Vater bringt sie sofort ins Krankenhaus. Die Ärzte stellen fest, dass sie einen Schock hat, und geben ihr ein Beruhigungsmittel. Als sie wieder bei sich ist, geht sie mit ihrem Vater zur Polizei und erstattet Anzeige. Aber die Polizei zuckt nur mit den Schultern: Da Megi sich in der Aufregung nicht das Autokennzeichen merken konnte, ist eine Strafverfolgung unmöglich.

»Danach hat mein Vater entschieden, dass ich nicht mehr zur Schule gehen soll.«

Mit Hilfe ihrer Tante, die in Wuppertal lebt, erhalten Megi Demçe und ihre Eltern auf dem deutschen Konsulat ein Touristenvisum. Sie fliegen so schnell wie möglich nach Düsseldorf, wo sie einen Asylantrag stellen. Aufgrund des laufenden Asylverfahrens bekommt die Familie eine befristete Aufenthaltsgenehmigung, und Megi Demçe geht auf die UNESCO-Schule in Essen, wo sie in einer V-Klasse exzellent Deutsch lernt. Sie wird Klassen- und Schülersprecherin.

Nun, zwei Jahre später, wurde ihr Asylantrag endgültig abgelehnt. Auch nach einjährigem Kampf bleibt es dabei: Nach deutscher Gesetzeslage muss Megi Demçe dahin zurück, wo ihr die Menschenhändler jederzeit wieder auflauern können.

Ruth Spiegel ist die Sozialarbeiterin der Schule. Sie hat Megi Demçe und ihre Familie während der ganzen Zeit intensiv betreut. Sie weiß, wie es in ihrem Inneren aussieht:

»Die Eltern hätten sie sogar zur Adoption freigegeben, um ihr die Möglichkeit zum Bleiben zu geben. Aber es gibt keine Chance. Der juristische Weg ist ausgeschöpft. Das Problem ist, dass Megi psychisch wirklich am Ende ist. Das macht mir Sorgen. Sie zieht sich hier so sehr zurück, dass sie gar nicht mehr mit den beiden Freundinnen zusammen ist. Ihre Mutter und sie, das sind eben Menschen, die die Erfahrung machen, dass sie sowieso auf Ämtern überall abgelehnt werden.«

## 2

In der Welt der Flüchtlingsschulen gibt es nicht nur Glücks- und Erfolgsgeschichten. In Zeiten einer sich verschärfenden Debatte um Asyl und Integration gibt es auch die Geschichten von Ablehnung und Ausweisung. Die Fragen, die von Politik und Gesellschaft oftmals im abstrakten Diskurs aufgeworfen und behandelt werden, stellen Schulen in der gelebten Realität vor höchste Herausforderungen. So wie es für die betroffenen Kinder um lebensentscheidende Weichenstellungen geht, müssen Lehrer, Sozialarbeiter und Ehrenamtliche fast Übermenschliches leisten und für alle Fälle gewappnet sein. Genau wie Eli Nechama es nach seinem Amtsantritt bei der »Deportation« der südsudanesischen Kinder erlebt hat, schwebt auch in deutschen Schulen über manchen Schülern das Damoklesschwert einer drohenden Abschiebung. Auf der einen Seite wollen die Schulen Einwanderern ein Zuhause bieten und sie in Bezug auf die geltenden Werte in die Gesellschaft integrieren, auf der anderen Seite ist bei vielen Neuankömmlingen nicht einmal sicher, dass ihr Migrationsschicksal als hinreichender Asylgrund anerkannt wird.

Das deutsche »Aufenthaltsgesetz« regelt die verschiedenen legalen Aufenthaltsmöglichkeiten, die für

Ausländer, die nach Deutschland reisen oder hier dauerhaft leben wollen, in Frage kommen. Für Menschen, die ein Aufenthaltsrecht als Flüchtling in Anspruch nehmen wollen, legt das Asylgesetz die nötigen Voraussetzungen fest: »Asylberechtigt und demnach politisch verfolgt sind Menschen, die im Falle der Rückkehr in ihr Herkunftsland einer schwerwiegenden Menschenrechtsverletzung ausgesetzt sein werden«[2].

Neben diesen Faktoren, die Flüchtlingen ein dreijähriges Asyl im Sinne des Grundgesetzes gewähren, gibt es noch andere Umstände, die verfolgten Menschen einen sogenannten subsidiären (d.h. behelfsmäßigen) Schutz in Deutschland garantieren: »Subsidiär Schutzberechtigte sind (...) Ausländer, denen (...) ein ernsthafter Schaden drohen würde, wenn sie in ihr Herkunftsland abgeschoben werden würden. Als ernsthafter Schaden im Sinne dieses Artikels gilt: die Verhängung oder Vollstreckung der Todesstrafe, Folter oder unmenschliche oder erniedrigende Behandlung oder Bestrafung eines Antragstellers im Herkunftsland, eine ernsthafte individuelle Bedrohung des Lebens oder der Unversehrtheit einer Zivilperson infolge willkürlicher Gewalt im Rahmen eines internationalen oder innerstaatlichen bewaffneten Konflikts.«[3]

Auf Megi Demçe und ihre Familie treffen diese Kriterien nach Ansicht der Gerichte nicht zu. Sozialarbeiterin Ruth Spiegel hat viele Stunden in ihrer Freizeit geopfert, um gegen die Ausweisung zu kämpfen. Sie ist eine schmale, burschikose Frau, die ein goldenes Kettchen um den Hals trägt. Obwohl man ihr anmerkt, dass sie das Urteil schwer akzeptieren kann, sagt sie:

»Der Prozess war fair, die Richterin hat sich viel Zeit genommen. Man merkte, dass es ihr nicht leicht fiel. Siebzig Minuten ist unüblich für solch eine Verhandlung, normalerweise sind es nur 10-15 Minuten. Auch Megi hat geredet, aber es reicht nicht. Es ist keine Folter, keine staatliche Verfolgung, und Diskriminierung allein ist kein Grund, um Asyl beantragen zu können. Man kann auch keine persönliche Verfolgung nachweisen. Es gibt keinen Beweis, dass Megi nochmal entführt werden würde.«

Wer genauer hinsieht, kann erkennen, dass der Schmuckanhänger, den Ruth Spiegel an ihrem Halskettchen trägt, nicht aus goldenen Ornamenten besteht, sondern aus Buchstaben – hebräischen Lettern. Darauf angesprochen, reagiert sie fast verlegen. Man merkt, es freut sie, dass jemand ihren Bezug zur jüdischen Welt errät, aber gleichzeitig will sie kein Aufhebens darum machen. Auch hier an der Schule spricht sie gewöhnlich nicht über ihre jüdische Abstammung. Das hat weniger mit Sorge vor antisemitischen Vorurteilen zu tun als vielmehr damit, dass die Abstammung in ihrer eigenen Familie ein Tabu war. Ihre Eltern hielten ihre Religionszugehörigkeit in der deutschen Nachkriegszeit vor Ruth Spiegel und ihrer Zwillingsschwester geheim. »Wir sollten nicht fragen. Ich war immer schon misstrauisch. Das Wort Jude durfte nicht erwähnt werden.«

Der Grund für die Geheimnistuerei liegt am Schicksal des Vaters, der als 23-Jähriger in letzter Sekunde beschloss, Nazideutschland zu verlassen. 1916 geboren, gibt er sich bei den Behörden als katholischer Ingenieur aus und schafft es Ende 1939, nach Bolivien auszureisen. Von nun an verleugnet der Vater sein Judentum, auch als er 1964 mit einer deutschen Frau, die er im Exil kennengelernt hat, nach Deutschland zurückkehrt. Den beiden Zwillingstöchtern, die hier auf die Welt kommen, verheimlichen die Eltern die Geschichte. Es ist eine Zeit, in der einstige Nationalsozialisten noch zur deutschen Gesellschaft gehören – wie der Mathematiklehrer, den

Ruth Spiegel an ihrem Gymnasium in der Eifel Ende der 1970er Jahre hat, ein Mann, der wegen des Lehrermangels an die Schule zwangsversetzt worden war.

»Das war wirklich ein alter Nazi, der auch immer so Sprüche brachte wie: ›Mit Juden und Negern setz' ich mich nicht an einen Tisch.‹ Der hat unseren Nachnamen dann auch als jüdisch gedeutet, mit biblischen Vornamen noch dazu. Das war auch 'ne Schnapsidee meiner Eltern – warum haben sie uns nicht normale gegeben?«

Ruth Spiegel besucht das Gymnasium zusammen mit ihrer Zwillingsschwester. Diese ist zehn Minuten jünger, hat gesundheitliche Probleme, ist das schwächere Kind der beiden. Während die ältere Ruth sich nichts gefallen lässt, erst recht nicht von dem Mathematiklehrer.

»Bei den Matheaufgaben, da kamen immer drei Neger, drei Juden und drei Deutsche vor. So waren diese Aufgaben wirklich. Ich hab' dann irgendwann mal gesagt: ›Mit so 'nem Arschloch wollen die auch nicht am Tisch sitzen.‹ Ich flog raus, musste zum Schulleiter, sollte mich beim Mathelehrer entschuldigen. Aber das hab' ich nicht gemacht. Ich war auch sehr stur als Kind.«

Natürlich schlägt der Vorfall Wellen. Das Schlimmste ist dabei nicht, dass ihr der Schulverweis droht. Die größte Strafe besteht darin, dass sie den Vorfall zuhause beichten muss. Aus Angst vor dem Vater schleicht sie zu ihrer Mutter, die das Verhalten der Tochter diesem später weitererzählt. Der muss daraufhin selbst in der Schule vorstellig werden – mit überraschendem Resultat.

»Ich weiß nicht, was mein Vater gemacht hat. Ich glaube, dass er auch sehr ausfallend war. Ich habe mich nicht sehr gut mit meinem Vater verstanden, aber da hat er anerkennend genickt. Das fand er gut, dass ich gekontert hab'.«

## 3

Die deutsche Vergangenheit reicht bis in die Gegenwart und wirft viele Fragen auf. Beim Thema Integration geht es nicht nur um die Aufnahme von Fremden, sondern um die Frage der deutschen Identität. Die deutsche Geschichte macht es den Deutschen schwer, sich bruchlos zu ihrem Land, zu gewissen Eigenheiten oder gar zu deutschen Tugenden zu bekennen. Das Gefühl, dass jemand sich als Deutscher im Ausland für seine Landsleute schämt, korrespondiert oft mit dem Wunsch, nicht selbst »auf den ersten Blick« als Deutscher erkannt zu werden. Man möchte kein »typischer Deutscher« sein, sondern zeigen, dass man ein »moderner« Deutscher ist, der »anders« ist. Auch wenn dieses Gefühl einem schleichenden Wandel unterliegen mag und sich das Deutschlandbild in der Welt deutlich verbessert hat: Beim Thema Asyl kommen viele Deutsche aus diesem Grund in die Zwickmühle. Sie wollen keine fremdenfeindlichen Deutschen sein, fürchten aber gleichzeitig, dass die Identität des Landes durch Zuwanderung verloren gehen könnte. Wenn Angela Merkel sagt, dass »Deutschland Deutschland bleiben« werde[4], weiß im Grunde niemand genau, was damit gemeint ist.

Wenn Millionen von Fremden ins Land kommen wollen, stellt sich nicht nur die Frage: Wie verfährt man mit ihnen auf eine Weise, die nicht von den Schattenseiten der deutschen Geschichte belastet wird? Sondern auch: Wie viele Fremde »verkraftet« die brüchige deutsche Identität? Ist es möglich, eine Obergrenze zu setzen, wenn man diese deutsche Geschichte im Rücken hat? Was ist »das Deutsche« an dem Land, in das sich die Menschen, die hierherkommen, integrieren sollen?

Viele der Schüler und Schülerinnen, die auf die UNESCO-Schule in Essen gehen, haben den Sprung, den Megi Demçe und ihre Familie machen wollten, geschafft.

Eine davon ist Dornaz Farajollah, die eine bewegende Fluchtgeschichte hinter sich hat. Ihre Flucht tarnte sich als Urlaubsreise, die sie mit ihren überstürzt gepackten Urlaubskoffern antrat. Was sich im Nachhinein wie eine Abenteuergeschichte anhört, war in Wahrheit eine Reise auf Leben und Tod, die auch in einem Albtraum hätte enden können.

Dornaz Farajollah war damals 16. Die bezaubernde junge Frau stammt aus Karadsch, einer millionengroßen Vorstadt von Teheran, und hat unfassliches Glück gehabt, dass sie die Flucht überstand. Der Sommer, in dem sich diese ereignet, ist anders als die Sommer zuvor. Was niemand unter den streng religiösen Verwandten ahnt, ist, dass ihre Mutter seit einiger Zeit ein verräterisches Symbol um den Hals trägt.

*Erudita Maxhuni und Dornaz Farajollah*

Die lange Kette, an der es hängt, ist gut unter ihrer Kleidung verborgen. Für die Gesellschaft, in der sie lebt, stellt es ein unverzeihliches Sakrileg dar. Für sie aber ist es ein Heiligtum, ein heimlicher Schatz, der sie Tag für Tag begleitet.

Dornaz' Mutter ist zum Christentum konvertiert und trägt ein Kreuz um den Hals, was im Iran als »Hochverrat«[5] gilt; Konvertiten droht die Todesstrafe. Sie hat viele christliche Bücher zu Hause und ist sehr vorsichtig, wenn sie mit ihren Glaubensbrüdern und -schwestern die versteckte Kirche aufsucht, die sich hinter der Fassade eines normalen Wohnhauses von Karadsch verbirgt. Ihre eigene Familie weiß Bescheid, aber die Angehörigen ihres Mannes sind strenge Moslems. »Wenn man erwischt wird«, sagt Dornaz Farajollah, »ist das Leben zu Ende.«

Doch dann passiert es, bei einer Familienfeier. »Wir waren alle da«, erzählt sie, »meine Mama wollte helfen und die Gäste mitbedienen. Sie hat sich gebückt und die Kette ist herausgefallen.« Die Cousine des Vaters sieht sie und ist wie vom Blitz getroffen. Sie trägt Tschador und hält auch die Denunziation einer Familienangehörigen für richtig. »Sie sagt: ›Ich habe einen Pluspunkt fürs Paradies gemacht, wenn ich so etwas mache.‹«

Die Situation ist für die Familie jetzt extrem bedrohlich. Die Eltern setzen sich nachts mit den Kindern zusammen und halten Kriegsrat. »Wir haben beschlossen, dass wir nach Deutschland gehen«, erinnert sich Dornaz Farajollah. »Das war der einzige Weg.« Mutter und Kinder wollen unter dem Vorwand einer Urlaubsreise in die Türkei fliegen. Von dort aus soll es dann weitergehen nach Deutschland. Der Vater will zunächst im Iran bleiben, um keinen Verdacht zu erregen. Ein »Vermittler« hilft ihnen, schnell die nötigen Visa zu beschaffen. Für seine Dienste müssen sie viel Geld bezahlen. Aber der Vater will ohnehin alles aufgeben, alles verkaufen. Nicht nur die Wohnung, auch sein gutgehendes Elektrofachgeschäft. Sobald er weiß, dass die Mutter mit den Kindern in Sicherheit ist, wird auch er sein früheres Leben, seine Freunde, seine frommen Angehörigen hinter sich lassen.

Niemand weiß Bescheid, als Mutter und Kinder zum Flughafen aufbrechen, nur die Großeltern. Als sie sich den Grenzbeamten nähern, schlägt Dornaz Farajollah das Herz vor Angst bis zum Hals. Was, wenn sie im letzten Moment am Arm gepackt wird, in ein Polizeiauto gezerrt, in eine Verhörzelle gestoßen? Würde sie in einer Folterzelle des iranischen Staates landen, in der sie Geheimdienstoffiziere zum Reden bringen? Würde sie nicht unweigerlich ihre Mutter und ihren Vater verraten? »Es war ein großes Risiko, das wir eingegangen sind.« Bebend nähert die Familie sich dem Schalter. Ist mit den Visa alles in Ordnung? Haben die Verwandten sie schon denunziert? Hat sonst jemand Wind von der geplanten Flucht bekommen?

Es ist ergreifend, wenn die intelligente, attraktive Schülerin mit den braunen, langen Haaren diese Momente schildert. Zum Glück geht alles gut, kommt die Familie sicher in Deutschland an, erhält politisches Asyl. Der Vater kommt ein Jahr später nach. Sie haben alles aufgegeben, aber finden hier ein neues, sicheres Zuhause.

Dornaz Farajollah hat zusammen mit Johnson Blay die V-Klasse von Sigrid Becker besucht. Fünf Jahre nach ihrer Ankunft in Deutschland sagt sie:

»Ich fühle mich richtig integriert. Ich lebe mit den Deutschen mit. Wenn Deutschland beim Fußball gewinnt, freue ich mich und feiere auch. Wenn ich mit meinen Freunden im Iran spreche und die sagen: ›Deutsche sind so kalt, so unfreundlich‹ – sage ich: ›Nein, stimmt nicht!‹ Ich verteidige Deutschland. Ich habe überhaupt keine schlechte Erfahrung gemacht, nie, nie. Alle Leute waren immer so freundlich zu uns.«

Auch wenn nicht alle Geschichten an der UNES-

CO-Schule so dramatisch sind wie ihre – den meisten Essener Einwandererkindern geht es in Bezug auf das Zugehörigkeitsgefühl wie ihr. Rumeysa Koc zum Beispiel, die kurz vor dem Abitur steht. Sie ist Muslimin und türkischer Abstammung, ihr Großvater ist als Gastarbeiter ins Ruhrgebiet gekommen. Die schwarzhaarige Frau mit dem fröhlichen Lachen ist in Essen geboren und fühlt sich in der Stadt zuhause:

»Ja, das hört man bei uns auch an der Sprache. Wir haben manchmal so einen Ruhrpottslang. Ich bin integriert. Ich finde, ich werde ganz normal aufgenommen. Wir wohnen ja in NRW, da gibt es so viele Moslems.«

Auch wenn die Herkunftskulturen bei Einwandererkindern natürlich einen Teil ihrer Identität ausmachen, fühlen sie sich zur deutschen Gesellschaft dazugehörig. »Ich kann mich nicht erinnern, dass ich diskriminiert oder ausgeschlossen wurde«, sagt Alex Rimbaris, dessen Vater griechischer und dessen Mutter indischer Abstammung ist. Auch er hat wie Rumeysa Koc einen deutschen Pass und besucht die Heimatländer seiner Eltern regelmäßig. »Ich bin von allem ein bisschen. Aber wenn ich in meinen Heimatländern bin, bin ich auch ein Deutscher.«

Selbst der staatenlose Johnson Blay sagt:

»Ich fühle mich seit meinem ersten Tag als Deutscher, denn ich werde in dieser Familie akzeptiert. Ich mag die gleichen Dinge wie die Deutschen: Ich mag das Essen, ich lerne die Sprache, ich beteilige mich an der Diskussion über deutsche Politik.«

Sie alle identifizieren sich mit dem Land. Doch was bedeutet es eigentlich inhaltlich, wenn sie von »Deutschland« sprechen? Welches »Deutschlandbild« hat ihnen die UNESCO-Schule in Essen vermittelt? Was ist das Leitbild, dem diese Vorreiterschule folgt, wenn sie ihren Schülern die neue Heimat nahebringen will?

Schulleiterin Annette Uttendorfer hat in dieser Hinsicht klare Vorstellungen. Ganz im Sinne der UNESCO-Verfassung der Schule geht das Selbstverständnis von deutscher Identität für sie in der Universalität der UNESCO-Werte auf:

»Im Grunde arbeiten wir daran, Deutschland zu einem Land zu machen, das sehr viel Achtung und Toleranz zeigt. Wir arbeiten an den Menschenrechten. Diese Werte sind für uns wichtiger als alles andere. Natürlich auch immer mit Blick auf die deutsche Geschichte. Warum sind wir so, wie wir sind? Warum akzeptieren wir manche Sachen nicht? Warum diskutieren wir manche Sachen sehr ausführlich? Wie kommen wir zu einer demokratischen Schulstruktur? Wie gehe ich mit Freiheit um? Das ist auch eines der wichtigen Themen. Das, was wir von Deutschland vermitteln, ist, dass wir eine offene, freie Gesellschaft sind, die vieles akzeptiert. Wir einigen uns auf gemeinsame Werte, die ein friedliches und verständnisvolles Zusammenleben der Menschen ermöglichen, ohne demjenigen das zu nehmen, was er ist.«

Die Schule hält als Leitbild die Menschenrechte der UN hoch, wie sie in wesentlichen Teilen auch im deutschen Grundgesetz festgeschrieben sind. Das Identifikationsgefühl zur neuen Heimat Deutschland stellt sich damit primär als Verfassungspatriotismus dar.

Trotzdem gibt es noch mehr, was die Schule den Zuwanderern nahebringt, damit die Integration in die deutsche Gesellschaft gelingt. Bei allem Respekt vor der multikulturellen Vielfalt setzt Annette Uttendorfer auch auf eine Vermittlung traditioneller deutscher Wertvorstellungen:

»Was wir auf jeden Fall vermitteln wollen, sind die deutschen Tugenden. Aber damit tun wir uns extrem schwer: Pünktlichkeit, Ordnung, Zuverlässigkeit. Das sind deutsche Tugenden, die hier großes Gewicht haben.«

Die pädagogische Weitergabe dieser Werte erfolgt im Unterricht. Da es in Deutschland unüblich ist, Staatsfeiertage mit nationalem Pathos zu begehen oder, anders als in den USA, die Nationalhymne vor Sportereignissen zu singen, bekommen die Schüler »das Deutsche« auch in Form der Verhaltensregeln vermittelt, die an der Schule herrschen. Dass es an den Wertestandards nichts zu rütteln gibt, lehrt die Schule dadurch, sagt Annette Uttendorfer, »dass man das vorlebt und auch ganz klare Regeln setzt. Wenn jemand meint, er müsste sich hier nicht immer einfinden, machen wir eine Konferenz [im Lehrerzimmer, d. Verf.]. Ansonsten gilt: immer wieder darauf hinweisen.«

Es liegt auf der Hand, dass sich diese Wertevermittlung bei so vielen Zuwanderern aus so unterschiedlichen Herkunftskulturen nicht immer einfach gestaltet. Durch die zusätzliche Ballung an Schülern, die aus demokratiefernen, patriarchalischen Gesellschaften stammen, ist dieses Projekt nicht einfacher geworden.

Davon können der Geschichts- und Religionslehrer Klaus Kirstein und die Philosophie- und Englischlehrerin Silvia Lichtenstein ein Lied singen. Die beiden Lehrer, die unter anderem Dornaz Farajollah, Rumeysa Koc und Alex Rimabris erfolgreich unterrichtet haben, sitzen an diesem Nachmittag im Lehrerzimmer der UNESCO-Schule und geben Einblick in ihre Erlebnisse. Auch sie sind engagierte Pädagogen, die sich bewusst für dieses Gymnasium mit dem hohen Einwandereranteil entschieden haben. Genau wie Schulleiterin Annette Uttendorfer und Deutschlehrerin Sigrid Becker wollen sie den ganzen Menschen in den Blick nehmen und nicht nur den Schüler als zu Unterrichtenden. Dabei lernen sie selbst viel über die verschiedenen Kulturen, die an der Schule zusammenkommen:

»Wir stellen in unserem Unterricht immer wieder fest, wie breit das Spektrum an Schülern ist und wie unterschiedlich die auch reagieren«, sagt Klaus Kirstein. Er ist ein Mann um die Fünfzig, der über »die lateinischen Patriarchen von Jerusalem« im Mittelalter promoviert hat und in dessen genau abgewogenen Formulierungen man den erfahrenen Pädagogen spürt:

»Fangen wir z.B. bei Schiiten und Sunniten an. Dann melden sich auch Alewiten. Wir haben mittlerweile auch Jesiden an der Schule, die finden hier auch ihren Platz. Genauso kann ich in meinem Unterricht im Fach Geschichte bei bestimmten Themen zwei Schüler sitzen haben, beide aus der Türkei stämmig, die sehr kontroverse Standpunkte miteinander austragen. Die eine ist Kurdin, die andere anatolische Türkin. Auch da werden große Differenzen bei bestimmten Themen deutlich, die man dann im Unterricht diskutieren muss. Klar werden muss aber: Ihr könnt unterschiedliche Standpunkte haben, aber ihr müsst einen respektvollen Umgang miteinander an den Tag legen, ihr müsst euch gegenseitig akzeptieren lernen.«

Gerade die aufregenden und manchmal aufreibenden Diskussionen, die sie ohne Scheuklappen in ihren Klassen führen, machen für sie das Salz in der Suppe aus. Lehrer sein ist hier eben nicht nur ein Job, bei dem sich der Stoff jedes Jahr wiederholt, sondern eine echte Mission, bei der man immer wieder vor neue Aufgaben gestellt wird. Zum Beispiel, wenn die Eltern sich in den Lehrstoff mit einmischen wollen.

»An manchen Stellen kann man auch mit Elternhäusern in kontroverse Debatten geraten, die uns dann gerne erklären möchten, was wir ihren Kindern beizubringen hätten«, sagt Klaus Kirstein. Seine jüngere Kollegin Silvia

Lichtenstein ergänzt lächelnd: »Oder *nicht* beizubringen hätten.« In ihrer klaren Stimme schwingt eine kluge Ironie mit: »Ja, das ist schwierig. Es ist natürlich auch ein schwieriges Alter, in dem die Schüler ihre eigene Identität suchen. Wenn dann plötzlich im Philosophieunterricht jemand vor ihnen steht und sagt, man solle nicht immer alles so übernehmen, wie es die Eltern beibringen oder wie es der Imam sagt, fallen sie aus allen Wolken und sind irritiert. Sie nehmen es sehr persönlich und empfinden es als Angriff, wenn wir sagen: ›Versucht, das mal aus einer anderen Perspektive zu sehen.‹ Aber genau diese persönliche und kritische Auseinandersetzung mit ihren bekannten Wertvorstellungen und Denkmustern ist sehr wichtig. Meistens dauert dieser Prozess zwei bis drei Jahre und hat sich mit dem Abitur geklärt. Einige kommen dann zu uns sagen: ›Jetzt habe ich es verstanden.‹«

Es gibt noch weitere Themen, bei denen manche Schüler sich schwer mit den deutschen Gesellschaftsstandards tun. Neben der Gleichwertigkeit aller Religionen und Weltanschauungen betrifft dies auch die Gleichberechtigung von Mann und Frau. Und, noch komplizierter, die Akzeptanz gleichgeschlechtlicher Beziehungen. Dass Homosexualität mittlerweile in der deutschen Mehrheitsgesellschaft akzeptiert ist, dass es eingetragene Lebenspartnerschaften gibt und dass sogar gewählte Volksvertreter wie der Essener Oberbürgermeister in einer solchen leben[6], das will gerade vielen Schülern aus Osteuropa und arabischen Ländern zunächst nicht in den Kopf.

»Manchmal ist es hart«, seufzt Silvia Lichtenstein. Sigrid Becker, die in diesem Moment das Lehrerzimmer betreten hat, schnappt den Satz der jungen Kollegin auf und ruft ihr mit einem Lachen zu: »Ja und? Ja und? Es hat niemand gesagt, dass es einfach ist!«

4

Einer, der das am eigenen Leib erfahren hat, ist der zwanzigjährige Manuel Muflizović. Der großgewachsene junge Mann, der ausdrucksstarke Augenbrauen hat, hat einen vielschichtigen Einwanderungsbackground. Seine katholische Mutter, die in Thüringen aufgewachsen ist, hat mongolisch-polnisch-deutsche Vorfahren, während sein muslimischer Vater aus Kakanj in Bosnien-Herzegowina stammt. Beide lernten sich 1993 in Deutschland kennen, nachdem sein Vater vor dem Bosnienkrieg geflohen war: Er hatte sich aus einem Flüchtlingscamp in Slowenien nach Österreich abgesetzt: »Von dort aus hat ihn jemand im Kofferraum über die deutsche Grenze geschmuggelt«, erzählt Manuel Muflizović.

Da der Vater 1998 noch immer illegal im Land ist und nach Ende des Bosnienkriegs Gefahr läuft, ausgewiesen zu werden, heiraten Manuels Eltern. Die Ehe hält nur wenige Jahre, aber sein Vater hat die Staatsbürgerschaft erlangt. Manuel Muflizović wächst im Bergischen Land auf, geht zunächst auf eine evangelische Privatschule, an der er sich sogar taufen lässt, ehe er 2010 auf die UNESCO-Schule wechselt. Kurz bevor er 18 wird, wird ihm klar, dass die Gefühle, die er für einen engen Freund empfindet, mehr als nur freundschaftlicher Natur sind: Er beschließt, seine Homosexualität nicht länger zu verbergen.

Sein Coming-Out ist ein ebenso entschiedener wie mutiger Schritt, denn er weiß, dass er damit weder in der Familie noch an der Schule offene Türen einrennen wird. Während seine Mutter und ihre Familie seine sexuelle Orientierung akzeptieren, kommt sein Vater damit nicht klar. Er bescheidet dem Sohn: »Davon kannst du dich heilen lassen«, und lässt ihn noch wissen, wie Manuel Muflizović erzählt: »Das dürfte bloß niemand von der Familie erfahren, sonst redet keiner mehr mit ihm.«

Daraufhin bricht er den Kontakt zu seinem Sohn ab – bis heute. Auch die übrige bosnische Familie will mit Manuel Muflizović nichts mehr zu tun haben: Die Cousinen kündigen ihm sogar die Facebook-Freundschaft.

Trotzdem geht er seinen Weg konsequent weiter und outet sich auch in der Schule. Kein einfacher Moment. Während die guten Freunde in der Schule zu ihm halten, gibt es auch Schüler, die ihn angreifen:

»Ich hatte mehrfach Probleme, besonders mit Migranten aus dem arabischen Raum. Wir wissen auch, wie es in den arabischen Ländern für Homosexuelle aussieht. Teilweise können sie dem Tod ins Gesicht schauen. Man merkt, dass dies in meinem Alter noch ganz stark in den Köpfen vieler Jugendlicher aus diesen Regionen verankert ist.«

Damit allen neuen Schülern klar signalisiert wird, für welche Werte die UNESCO-Schule in Deutschland eintritt, hat sich die Schulleitung eine Neuerung einfallen lassen. Gerade wegen der vielen arabischen Schüler, die durch den Syrien-Krieg an die Schule gekommen sind, gibt es parallel zu den V-Klassen künftig einen sogenannten »Willkommenskurs«, der der deutschen Willkommenskultur auch die Prise Leitkultur verleiht, die die UNESCO-Werte mit dem Salz der deutschen Tugenden würzt.

Der demonstrative Rückhalt, den Manuel Muflizović von Lehrern wie Klaus Kirstein und Silvia Lichtenstein erhält, ist in diesem Kontext nicht zu unterschätzen. Mittlerweile lebt er selbstbewusst sein Leben, nicht nur was seine Homosexualität angeht: »Ich könnte mir gar nicht mehr vorstellen, versteckt zu leben oder zu unterdrücken.« Auch was seine Pläne nach dem Abitur angeht, hat er ein klares Ziel, das er mit starkem Willen verfolgt: Er will nach Berlin gehen und Modedesign studieren, um später im Bereich Haute Couture sein eigenes Label aufzubauen.

Auch wenn man Dornaz Farajollah fragt, wie sie die Integration in die deutsche Gesellschaft geschafft hat, zeigt sich die wichtige Rolle unterstützender Schularbeit: »Man fühlt sich hier wie zuhause, die Lehrer sind so nett und freundlich zu uns. Ich habe überhaupt keine schlechte Erfahrung hier.«

Die junge Frau wird zweifelsohne ebenfalls ihren Weg gehen. Neben der Schule jobbt sie mit ihrer besten Freundin Erudita Maxhuni bei einer Catering-Gesellschaft, die große Essener Events versorgt. Beide bewegen sich dann sogar in der Essener High-Society: ob bei Rathaus-Veranstaltungen oder bei Spielen von Rot-Weiß Essen im VIP-Bereich.

Für andere Schüler wie Rumeysa Koc und Alex Rimbaris, die ebenfalls unmittelbar vor dem Abitur stehen, ist der Weg in die deutsche Arbeitsgesellschaft ohnehin eine Selbstverständlichkeit. Die Einwandererkinder haben dank der UNESCO-Schule die besten Voraussetzungen, Deutschland und seine Gesellschaft als Bürger zu bereichern. So wäre es zweifelsohne auch bei Megi Demçe gewesen, der siebzehnjährigen Schülerin aus Tirana, die sich in Deutschland vor der rassistischen Verfolgung in ihrer Heimat in Sicherheit bringen wollte. Doch bei ihr war aller Kampf um ein dauerndes Bleiberecht umsonst: Das Ausweisungsurteil gegen sie ist rechtsgültig. Weder der Rechtsbeistand noch die couragierte Unterstützung von Ruth Spiegel konnten Familie Demçe helfen.

## 5

Das aufgeheizte Klima in der Flüchtlingsdebatte, in der die Forderung nach härterem Durchgreifen und effizienteren Abschiebungen immer lauter erhoben wird, hat

Wirkung gezeigt. Selbst syrischen Flüchtlingen wird mittlerweile oft kein Flüchtlingsstatus, sondern nur ein »subsidiärer Status« zugebilligt, der ihnen nicht den Nachzug von Familienangehörigen gestattet[7]. Damit reagiert die deutsche Politik auf die Verunsicherung, die sich bei vielen »Herkunftsdeutschen« breitgemacht hat. Es ist eine Verunsicherung, die man ernst nehmen muss, nicht nur was die Frage angeht, ob sich unsere Wertekultur durch Einwanderer verändert, sondern auch in Bezug auf die ökonomischen Konsequenzen. Wenn sich immer mehr Deutsche aufgrund der Schere zwischen Reich und Arm ›abgehängt‹ fühlen, müssen die Fragen, die der Zuzug, die Unterbringung und die Integration von Flüchtlingen aus anderen Kulturkreisen aufwerfen, umso offener diskutiert werden. Solcher Diskurs ist vermutlich das einzige Mittel gegen das Gefühl dumpfer, fremdenfeindlicher »German Angst«[8], das die Rechtspopulisten hierzulande schüren wollen und das dem integrativen, aber klar wertorientierten Deutschlandgefühl, das an der UNESCO-Schule vermittelt wird, diametral entgegensteht.

Dennoch, für Familie Demçe ist es zu spät. Sie muss ausreisen.

»Wir haben große Angst, dass die gleiche Geschichte wieder passiert«, sagt Valbona Demçe leise und lächelt. »Es ist so traurig.«

Valbona Demçe könnte die Schwester von Megi sein, ist aber ihre Mutter. Die attraktive schwarzhaarige Frau hat einen etwas helleren Teint als die Tochter, aber ein genauso strahlendes Lachen. Ruth Spiegel warnt davor, das schöne Lachen der Mutter für bare Münze zu nehmen. Hinter dem Sommergesicht, das sie aus Scham und Wohlerzogenheit aufsetze, tue sich der Abgrund seelischer Verzweiflung auf. Denn ganz abgesehen von der Bedrohung durch die organisierte Kriminalität erwartet die Familie in Albanien wieder die tagtägliche Diskriminierung, der sie als Angehörige der Ashkali-Minderheit ausgesetzt ist.

*Ruth Spiegel (2. v. r.) mit Familie Demçe am Tag der Ausreise*

»Die Türen in unserem Land sind für uns geschlossen. Die Korruption regiert überall. Wenn man einen Job findet, muss man dafür erstmal bezahlen. 1.000 bis 2.000 Euro für einen Job. Das ist für uns zu teuer.«

In Deutschland hatte Valbona Demçe einen festen Job als Reinigungskraft in einem Hotel. In ihrer Heimat dagegen muss sie zunächst einmal Schmiergeld bezahlen, um überhaupt Arbeit zu bekommen. Da sie über die Summe jedoch nicht verfügt, muss sie zunächst einmal das Schmiergeld abarbeiten. Doch weder solcher Alltagsrassismus noch die weiterbestehende Bedrohung für Tochter Megi reichen nach deutscher Gesetzeslage dafür aus, dass der Familie ein »subsidiärer Schutzstatus« zuerkannt wird. Ruth Spiegel, die die Familie bis zum Morgen ihrer Ausreise begleitet[9], hat es zähneknirschend hingenommen:

»Ich habe die Urteile wirklich bis ins Jahr 2000 studiert. Es gibt dort tatsächlich sogar Menschen, denen man die Häuser angezündet hat und die persönlich bedroht sind. Die werden auch alle zurückgeschickt. Es ist wirklich nichts zu machen. Ich war bei Pro Asyl. Es reicht auch nicht für einen Härtefall, es gibt einfach nichts.«

Die Namenskette mit den hebräischen Buchstaben glitzert an ihrem Hals, resigniert zuckt Ruth Spiegel mit den Schultern. Um sich dann doch noch einmal Luft zu machen. Dass ihr der Fall persönlich so zusetzt, hänge nicht nur mit dem Schicksal der Demçes zusammen, sondern auch damit, dass sie sich als deutsche Bürgerin von der Art und Weise betroffen fühle, wie die Behörden mit Schutzsuchenden umgehen:

»Ich war ja auf allen Ämtern: Da muss man sich wirklich schämen. Der Umgangston ist unmöglich. Das waren zu viele Fehler – von der Einstellung von Leistungen über falsche Formulare bis hin zum Abwimmeln. Auch von der Urteilsbegründung her. Es ist eine verfolgte Minderheit in Albanien, das wissen wir alle. Nur weil die jetzt nicht beweisen können, dass mit hundertprozentiger Sicherheit wieder etwas passiert. Sie deswegen zurückschicken? Natürlich schäme ich mich dafür.«

Das sind die beiden Pole, zwischen denen sich die Dramen von Integration und Ausweisung in Deutschland abspielen. Vor dem Hintergrund der deutschen Geschichte oszilliert die Seelenlage, die sich an die deutsche Identität knüpft, zwischen zwei Extremen: einer »German Angst« und einer »German Scham«. Dabei gibt es, wenn man auf die Arbeit der UNESCO-Schule in Essen schaut, viel Anlass zu einem mutigen »German Wir-schaffen-das«.

# 7 REISE IN DIE ISRAELISCHE SEELE

## Yael Fisher Avitan und die universelle Lektion der Geschichte

### 1

Der Junge hat das sympathischste Lächeln, das man sich vorstellen kann. Strahlende Zähne unter dem gestylten Haar, dazu glitzernde Kristallohrstecker, die sein Posterboylachen noch leuchtender machen. Er sagt: »Mein Traum ist es, ein israelischer Soldat zu werden. Wir sind hier geboren, wir werden für dieses Land kämpfen.«

Das Mädchen an seiner Seite nickt. Ihre Haut ist etwas heller als die des Jungen, ihre asiatischen Züge sind nicht so stark ausgeprägt. Ihr Prinzessinnengesicht verleiht ihren Worten noch mehr Nachdruck: »Ich will auch eine Soldatin werden. Wenn man in der kämpfenden Armeeeinheit ist, spürt man stärker die Verbindung zum Land. Man spürt, dass man bereit ist, dafür zu kämpfen und zu sterben.«

Sind diese Sätze Belege für eine gelungene Integration? Kann man die erfolgreiche Arbeit einer Multikulti-Schule an der Bereitschaft von Einwanderern ablesen, für das neue Heimatland in den Krieg zu ziehen?

In deutschen Ohren klingt das fremd und paradox. Um auf ihre erfolgreiche Arbeit aufmerksam zu machen, wirbt die Bialik-Rogozin-Schule jedoch schon lange mit dem hohen Anteil der Absolventen, die nach dem Schulabschluss in den *Israeli Defense Forces* ihren Dienst tun. Ein Jahr nach der Schulgründung 2005 waren es nur 26 %. 2011, als Eli Nechama die Schule übernahm, lag der Anteil bei 76 %[1]. Seither ist der Anteil derer, die die Voraussetzungen für den Militärdienst erfüllen, auf 100 % gestiegen.

Rabbi Cruz und Keren Singh werden diesen hohen Prozentsatz aufrechterhalten. Sie tun dies nicht, weil sie nach dem Militärdienst den israelischen Pass bekommen. Sie tun es, weil sie sich vollständig mit der israelischen Gesellschaft identifizieren. Weil sie sich und dem Land beweisen wollen, dass sie für das Land etwas zu geben bereit sind.

*Rabbi Cruz, Jesus Gomez, Abbigail Singh, Michelle Mombi, Keren Singh und Yael Fisher Avitan*

Sie gehören zu einer kleinen Gruppe, die sich an diesem Mittag in der warmen Sonne auf dem Schulhof trifft. Die junge Lehrerin, mit der sie da sind, ist blond. Blond wie eine Sportseglerin aus dem hohen Norden, die mit ihrem Katamaran am Strand von Tel Aviv angelegt hat. Sie trägt enge Jeans, ein Tanktop, hat die Haare zu einem Knoten gebunden, und das Lachen verleiht ihren Augen eine wunderschöne Mandelform.

»Ich weiß, ich sehe eher deutsch aus, vielleicht polnisch, jedenfalls bin ich nicht der jüdische Typ«, sagt sie und lässt den Humor durchklingen, mit dem sie über sich selbst spricht.

Yael Fisher Avitan ist genau vor zehn Jahren an die Bialik-Rogozin-Schule gekommen. Sie macht die »Kreative Erziehung« für die Drei- bis Achtjährigen. Dass sie sich nach dem Studium hier vorstellte, hat sie einem Freund ihres Mannes zu verdanken, der ihr von der Schule erzählte. Das war 2006, unmittelbar nach dem Ende des Libanonkriegs. Kaum dass sie das kunterbunte Durcheinander der Kinder sah, hatte sie sich in die neue Aufgabe verliebt. »Ich wusste überhaupt nichts über die Einwanderung, wusste nicht, dass sie so groß und nah ist. Damals hatten wir pro Jahrgangsstufe nur zwei Klassen, heute sind es fünf.«

Als sie damals an der Schule anfing, waren Rabbi Cruz und Keren Singh erst 8. Heute sind sie 18, haben ihren Schulabschluss vor Augen. Gerade sind sie – mit sieben anderen Mitschülern – von einer Klassenreise zurückgekommen. Eigentlich hatten sie zu zehnt fahren sollen, doch ein Mädchen durfte in letzter Minute nicht mitfahren, weil sie wegen eines Behördenirrtums nicht die richtigen Visa besaß: Phyllis Miah, das schwarze athletische Mädchen aus Ghana, das in der Abreisenacht von den Grenzkontrolleuren des Ben-Gurion-Flughafens zurückgeschickt wurde.

Yael Fisher Avitan ist die Lehrerin, die Rabbi Cruz und Keren Singh auf der einwöchigen Reise zu den polnischen Gedenkstätten des Holocaust begleitet hat. Sie ist es, die Eli Nechama um zwei Uhr nachts aus dem Schlaf geklingelt hat, um ihm von Phyllis' Zurückweisung zu berichten. Genau wie für ihre Schüler war die Reise für sie als Lehrerin ein Novum, eine außergewöhnliche Erfahrung, durch die sie viel über Integration gelernt hat. Bei all der positiven Energie, die die blonde Frau ausstrahlt, ist es unverkennbar, dass sie genau wie die Schüler noch völlig unter dem Eindruck dieser Reise steht.

»Mit diesen Kindern zum ersten Mal aus Israel hinauszufahren und sie das Gesicht dieser Tel Aviver Schule sein zu lassen, war einmalig. Sie waren so klug und höflich. Jetzt wissen sie mehr über sich selbst. Sie übernehmen mehr Verantwortung für alles. Nicht nur für sich selbst, sondern für die Welt.«

Aber: Ist es ein Zeichen von Verantwortungsbewusstsein, wenn Schüler nach einer Klassenfahrt Soldaten werden wollen? Sollte eine Vorzeigeschule wie Bialik-Rogozin nicht ausschließlich zu Völkerverständigung und Pazifismus erziehen, zur friedlichen Aussöhnung mit anderen Völkern und Ländern?

**2**

Vielleicht muss man die Frage zunächst anders stellen: Was haben Einwandererkinder, die weder Juden noch Deutsche sind, mit der Geschichte des Holocaust zu tun? Warum sollen Kinder, die aus ganz unterschiedlichen Ländern nach Israel gekommen sind, sich überhaupt die Gedenkstätten der Konzentrationslager anschauen?

Michelle Mombi, ein achtzehnjähriges Mädchen mit kenianischen Wurzeln, war auch in der Gruppe. Sie hat große Augen, die hellwach aus ihrem kaffeebraunen Gesicht herausblicken, und spricht schnell und eloquent: »Vergangenes Jahr wollte ich noch nicht nach Polen fahren. Ich hatte wirklich große Angst, schon wenn jemand den Holocaust erwähnte. Dieses Jahr bin ich gefahren, und das war gut. Meine Mutter hat mir Mut gemacht und gesagt: Du solltest begreifen, wie die Menschen den Holocaust durchlitten haben. Als ich die Orte in Polen gesehen habe, hat mich das immer mehr interessiert.

Ich lebe hier, jedes Jahr wird der Holocaust-Gedenktag begangen, ich denke also, es ist wichtig. Außerdem wollte ich meine Angst überwinden. Ich musste mich auf diese Reise machen.«

Michelle Mombi ist ein Gastarbeiterkind. Sie ist in Israel geboren, ihre Mutter arbeitet als Reinigungskraft, ist alleinerziehend. Dasselbe gilt auch für die anderen: Rabbi Cruz, Keren Singh und die Vierte in ihrer Runde, die ebenfalls achtzehnjährige Abbigail Singh, ein Mädchen mit hellerer Haut und fröhlicher Ausstrahlung. Sie alle haben nur ein Elternteil, sind Gastarbeiterkinder, was ihnen einen anderen Status als den Flüchtlingen und deren Kindern gibt. Zwar haben auch sie keinen israelischen Pass, aber immerhin eine dauerhafte Aufenthaltsgenehmigung.

Was die Gastarbeiterfrage angeht, gleicht die israelische Politik der deutschen. So wie Deutschland seit den 1960er Jahren vor allem türkische Gastarbeiter als billige Arbeitskräfte ins Land holte, sind es in Israel hauptsächlich Asiaten, die die Niedriglohnjobs in der Erntearbeit, Hausreinigung und Altenbetreuung erledigen. Auch in Israel hat man sie als Gäste angesehen, die nicht dauerhaft bleiben, weshalb man ihren Lebenspartnern keine Einreiseerlaubnis gegeben oder sie wieder ausgewiesen hat. Abbigail Singh hat daher zu ihrem indischen Vater überhaupt keinen Kontakt mehr. Michelle Mombi fürchtete als Kind viele Jahre, dass ihr Vater, halb Äthiopier, halb Kameruner, abgeschoben werden könne. Mittlerweile sind ihre Eltern geschieden. Die Folge ist, dass die Kinder von Gastarbeitern oft Einzelkinder sind und bei nur einem Elternteil aufwachsen.

Keren Singh und Abbigail Singh (die nicht verwandt sind) haben halb philippinische, halb indische Eltern. Rabbi Cruz ist ganz philippinischer Abstammung. Er sagt über die Polenreise: »Als ich ein Kind war, hat man uns bereits alles über den Holocaust erzählt. Aber jetzt, nach der Reise, kann ich es nicht mehr vergessen.«

»Es hat meine Person bereits verändert, als ich dorthin geflogen bin«, ergänzt Keren Singh. »Ich bin emotionaler geworden, stand unter Schock, als ich alles mit meinen eigenen Augen sah.«

Abbigail Singh pflichtet den beiden bei. Und betont noch einmal, wie wichtig die Reise für ihre Beziehung zu dem Land war, in dem sie aufgewachsen sind – für das Verständnis des Landes, in dem sie leben: »Wir fühlen uns nun noch stärker mit Israel verbunden. Wir können das Land und die Menschen verstehen.«

**3**

Was die Einwandererkinder über die Beweggründe erzählen, freiwillig zu den Originalschauplätzen des Holocaust zu reisen, korrespondiert auf erstaunliche Weise mit dem, was ihre Lehrerin Yael Fisher Avitan sagt, wenn man sie fragt, warum sie mit ihnen nach Polen fahren wollte. Sie selbst hat die Reise als Schülerin auch gemacht. Damals war sie 17.

»Wir müssen den Holocaust den Kindern vermitteln. Wir dürfen ihn nicht vergessen. Die, die ihn überlebt haben, sind nun alt und sterben. Es ist unsere Pflicht zu erinnern.«

Yael Fisher Avitan sagt das nicht, weil der Lehrplan die intensive Auseinandersetzung mit dem Holocaust vorschreibt. Ihre Sätze haben auch nichts mit den Gedenkmantras zu tun, die bei entsprechenden Anlässen in gebetsmühlenhafter Selbstverständlichkeit aus den Mündern von Bildungspolitikern kommen. Für sie ist es etwas ganz und gar Persönliches, die Geschichte ihrer eigenen Familie, die sie den Einwandererkindern weitergeben will. Ihre Großeltern sind selbst von den Nazis deportiert worden.

Das Besondere dabei ist: Ihre Familiengeschichte ist – anders als die meisten anderen – nicht nur eine Opfergeschichte, sie ist auch eine Siegergeschichte. Schmerzvoll, aber mit einer eindeutigen Botschaft, die die blonde Frau mit ihrem ganzen positiven Wesen verkörpert.

»Ich bin im Wissen aufgewachsen, dass meine Großmutter eine Heldin war. Sie stammt aus Lublin. Sie wurde mit ihrer Familie deportiert: zwei Brüder, Mutter und Vater. Nur sie hat überlebt.«

Die Geschichte von Yael Fisher Avitans Großmutter ist die bewegende Geschichte einer großen Kämpferin. Ihr Name war Hella Felenbaum-Weiss. Als Siebzehnjährige wurde sie am 20. Dezember 1942 auf einem Pferdewagen vom Arbeitslager Staw nach Sobibor deportiert. Sobibor war ein Vernichtungslager, das an der Ostgrenze des »Generalgouvernements« lag, im heutigen Dreiländereck Polen–Weißrussland–Ukraine. Im ersten Halbjahr 1942 errichtet, wurde es wie die Lager Belzec und Treblinka für die generalstabsmäßige Ermordung der polnischen Juden im Rahmen der »Aktion Reinhardt« verwendet. Während des Ausbaus der Bahngleise, die in das Lager führten, wurde der Gaskammertrakt von Sobibor im Spätsommer 1942 so erweitert, dass bis zu 1.200 Menschen durch Dieselabgase getötet werden konnten. Als Heinrich Himmler im Februar 1943 Sobibor besichtigte, demonstrierten ihm die Lagerkommandeure die Funktionstüchtigkeit des Lagers auf besonders grausame Weise. Weil kein Gefangenentransport für den Tag angekündigt war, ließen sie extra 100 Frauen aus Lublin ins Vernichtungslager schaffen. Auch wenn die Gesamtzahl der Opfer nicht schriftlich dokumentiert ist, gehen Schätzungen von 150.000 bis 250.000 Toten aus[2].

Hella Felenbaum-Weiss konnte der Gaskammer entgehen, da sie sich bei der »Selektion« als Näherin und Wäschebüglerin ausgab und daraufhin in der Wäschebaracke eingesetzt wurde. »Dort musste sie die Wäsche der Ermordeten aus den Gaskammern sortieren. Zudem arbeitete sie im Strickraum und musste Socken stopfen, aber auch Wäsche bügeln und waschen. Sie musste auch im Garten für die SS-Männer arbeiten.«[3]

Der Grund, warum Yael Fisher Avitan ihre Großmutter eine »Heldin« nennt, liegt in den Ereignissen des 14. Oktober 1943 begründet. An diesem Tag stoßen nach langer minutiöser Planung sowjetisch-jüdische Kriegsgefangene unter Führung von Alexander Petscherski und Leon Feldhendle einen Lageraufstand an[4]. Den Aufständischen gelingt es zunächst, zwölf SS-Bewacher in Hinterhalte zu locken und zu töten. Doch ehe die Lagerinsassen fliehen können, löst ein unvorhergesehener Zwischenfall eine Panik aus, die die Wachmannschaften des Lagers zu ihren Waffen greifen lässt. Viele Gefangene sterben im Kugelhagel oder in den Minenfeldern außerhalb der Stacheldrahtumzäunung. Von den 365 Gefangenen erreichen etwa 200 den naheliegenden Wald. Die meisten von ihnen werden von Suchmannschaften aufgespürt und ermordet. 42 Gefangenen gelingt es, sich in den Wäldern zu verstecken und den Krieg zu überleben[5].

Unter den Überlebenden sind acht Frauen. Eine von ihnen ist Hella Felenbaum-Weiss, die Großmutter von Yael Fisher Avitan.

»Es gelang ihr, mit einer anderen Mitgefangenen zu entkommen«, sagt die Enkelin. »Ein Jahr lang lebte sie im Wald, wurde von den Partisanen aufgenommen. Von dort schloss sie sich der russischen Seite an, um als Freiwillige in der Roten Armee zu kämpfen. Sie bekam Orden. Sie war noch ein Kind.« Die abenteuerliche Geschichte, wie Hella Felenbaum-Weiss zu den Partisanen fand und dann weiter bei den Sowjets in verschiedenen Schlachten kämpfte, lässt sich in ihrer eigenen ausführlichen Schilderung nachlesen[6].

*Hella Felenbaum-Weiss*

Yael Fisher Avitan, die diese Geschichte in ihrem kleinen Büro erzählt, öffnet eine Website auf dem Computer. Das Schwarz-Weiß-Foto einer jungen Frau blickt einen an: eine lächelnde Soldatin mit einem runden Gesicht, dunklen Augen und einer Haartolle. Die Website, in Orange gehalten, ist der gesamten Geschichte von Sobibor gewidmet und dokumentiert unter den zahlreichen Einzelporträts auch ausführlich ihre Flucht- und Kampfgeschichte[7]. Zwei weitere Fotos zeigen Hella Felenbaum-Weiss hochdekoriert in der Uniform der Roten Armee. Auf dem einen lacht sie fröhlich, auf dem anderen blickt sie stolz über die Schulter eines anderen sowjetischen Soldaten, mit dem sie sich zu einem Gruppenfoto aufgestellt hat.

Hat die Enkelin Ähnlichkeit mit ihr? Vielleicht weniger physiognomisch als in der handfesten, energischen, lebensfrohen Ausstrahlung, die Hella Felenbaum-Weiss auf den Fotos hat.

1949 wandert sie nach Israel aus. Zuvor hat sie im tschechoslowakischen Karlsbad ihren Mann kennengelernt, einen Auschwitz-Überlebenden. Er ist der Älteste von vier Brüdern und zwei Schwestern. Mit ihm gründet sie eine Familie, hat drei Kinder. Sie ist Hausfrau und Mutter, sie will den Holocaust hinter sich lassen, ihr Blick geht nach vorn.

»Sie wollte über diese Dinge nicht sprechen«, erzählt Yael Fisher Avitan. »Sie sagte, es gibt keinen Grund, an all das zu erinnern.«

Trotzdem fliegt Hella Felenbaum-Weiss zum Sobibor-Prozess nach Deutschland, um dort ihre Zeugenaussage zu machen; sie dokumentiert ihre Erinnerungen auch in mehreren langen Interviews. Das bewegendste Zeugnis ist ein Filminterview, das sie 1983 gibt. Man kann es auf der Website, die Yael Fisher Avitan geöffnet hat, ansehen. Da sitzt die knapp 60-jährige Dame in einem blauen Trägerkleid vor einer Natursteinwand in ihrem Wohnzimmer und erzählt ihre Lebensgeschichte – in einem jiddisch gefärbten Deutsch. Ein Dokument, das einem umso mehr unter die Haut geht, als man weiß, dass sie fünf Jahre nach dem Interview, 1988, an Krebs gestorben ist[8].

Wegen ihrer Großmutter ist der Holocaust für Yael Fisher Avitan nicht nur eine Opfergeschichte. Sie sagt: »Man hört oft die Geschichte, wo eine Mutter ihre Kinder anschreit: Ihr müsst euren Teller aufessen, denn wir waren im Holocaust. Das ist nicht die Geschichte meiner Familie.«

Das, wofür ihre Großmutter steht, drückt Yael Fisher Avitan mit einem jiddischen Wort aus, das auch ihre Lebenshaltung umschreibt: »Balabusta«. »Meine Großeltern sprachen Jiddisch. Meine Mutter verstand es, aber hat es nie gesprochen. Dabei war es eine coole Geheimsprache. Ich verstehe sie ein bisschen, ähnlich wie Arabisch.«

»Balabusta« bezeichnet im Jiddischen die tapfere, unerschütterliche, alles managende Frau des Hauses, die »den gesamten Laden schmeißt«. Yael Fisher Avitan hat dieses Bezeichnung für sich selbst adoptiert: »Ich muss eine Balabusta sein.« Mit anderen Worten: eine Kämpferin, die für ihre Familie durchs Feuer geht.

Yael Fisher Avitan hat drei eigene Kinder. Aber die Familie, für die sie durchs Feuer geht, ist viel größer. Auch ihre Schüler gehören dazu, auch für die Einwandererkinder der Bialik-Rogozin-Schule ist sie die »Balabusta«.

## 4

Es sind Geschichten und Einzelschicksale wie die ihrer Großmutter, die die Schüler der Bialik-Rogozin-Schule auf der Polenreise besonders beeindrucken.

»Wir waren zuerst in der Krakauer Altstadt, sind dann nach Auschwitz gefahren«, erzählt Rabbi Cruz. »Es war unfassbar zu hören, wie die Nazideutschen die Juden ermordet haben. Wir haben die Geschichte einer Frau gehört, die keine andere Wahl hatte, als ihr Baby zu ersticken. Wenn es geschrien hätte, hätte man sie in ihrem Versteck gefunden. Sie hat überlebt, aber was für ein Schmerz, dass sie dafür ihr Kind töten musste.«

Keren Singh stimmt ein: »Da war ein anderer Überlebender, der fünf Jahre alt war, als die Nazis seine gesamte Familie ermordeten. Sein zehn Jahre alter Cousin flüchtete mit ihm in den Wald hinein. Sie schossen auf sie, der Cousin bekam eine Kugel ins Bein. Er musste den Fünfjährigen tragen und weiterlaufen. Sie überlebten bis zum Ende des Krieges im Wald. Sie sind Helden.«

Diese Geschichten zu hören und sie gleichsam aus der Perspektive der Schüler wahrzunehmen, machte die Reise für Yael Fisher Avitan besonders emotional. Sie hat viele Bilder gemacht, auf denen die Kinder in den Gedenkstätten zu sehen sind, vor einer Fotowand von Opfern, auf den Wegen zwischen den Baracken. Sie zeigt auf das Foto, das jetzt auf dem Computer zu sehen ist. Es zeigt die Einwandererkinder im Museum des Stammlagers 1, wo sie mit leeren Blicken vor einem Schaukasten stehen.

»Dies ist mein Lieblingsbild. Ihre Augen. Wie sie nach innen blicken.«

»Es war sehr hart. Wir sahen viele Schuhe, viele Taschen«, sagt Rabbi Cruz. Abbigail Singh ergänzt: »Und das Haar der Frauen. Ich fasste in mein eigenes Haar und sagte mir: Wie konnten sie das mit sich machen lassen und überleben?«

Ihre Reise geht weiter nach Treblinka und Majdanek sowie in ein einstiges jüdisches Schtetl. Auf den Busfahrten sind sie still. Manchmal hören sie Musik, manchmal unterhalten sie sich über das, was sie gesehen haben. Es herrscht eine beklommene, fast andächtige Atmosphäre in der Gruppe.

»Jeden Abend haben wir uns über unsere Gefühle ausgetauscht, darüber, was sich am Tag ereignet hat«, sagt Keren Singh. Und Rabbi Cruz: »Was wir gesehen haben, was wir empfinden und was wir tun können, damit sich dergleichen nicht wieder ereignet.« Keren Singh bestätigt: »Wir haben beschlossen, freundlich und nett zu sein. Und einem Menschen beizustehen, wenn er weint.«

Der Junge sagt: »Manche von uns haben geweint, ja.« Das Mädchen: »Ich habe geweint.«

*Die Schüler der Bialik-Rogozin-Schule in Auschwitz*

Yael Fisher Avitan nickt und lächelt:

»Ich konnte gar nicht mehr aufhören zu heulen. Die Kids haben über mich gelacht.«

Das gemeinsame Erlebnis löst auf beiden Seiten Blockaden. Nicht nur weil sie an den Originalschauplätzen sind, deren Besuch ihr Wissen emotionalisiert. Es sind die unterschiedlichen Perspektiven, die beim gemeinsamen Erleben neue Erfahrungsmomente freisetzen. Etwas Unerwartetes geschieht: Die Perspektive auf den Holocaust verändert sich. So wie Michelle Mombi ihre angstvolle Abschottung hinter sich lässt und plötzlich ein starkes Interesse an den Geschichten entwickelt, so gewinnt die Shoa des jüdischen Volkes eine neue Dimension. Für die Einwandererkinder, die keine familiäre Beziehung zu den Opfern haben, war er bisher ein abstrakter, beängstigender Schulstoff. Die Lehrerin wiederum, Enkelin einer Sobibor-Überlebenden, hat ihn bisher vor allem in Bezug auf ihre persönliche Familiengeschichte verstanden.

Und dann sagt sie einen Satz, der zum zentralen Scharnier in der Wahrnehmungsänderung wird. Er stellt die Verbindung zwischen dem Völkermord an den Juden und den Einwandererkindern her, die von woanders stammen:

»Nicht nur Juden starben. Nicht nur Juden waren in den Lagern. Das war wichtig für sie.«

Rabbi Cruz: »Der Holocaust ist nicht nur ein jüdisches Thema. Es ist ein allgemeinmenschliches Thema.«

Keren Singh: »Das bedeutet: Das, was ihnen geschehen ist, kann uns auch geschehen.«

Rabbi Cruz: »Innerlich bin ich sehr verändert. Ich sehe die Welt nun anders. Wenn wir uns nicht gegenseitig helfen, können wir auch anderen Menschen nicht helfen. Wir müssen sehr stark sein und uns als Menschen betrachten.«

Keren Singh sagt: »Es ist etwas, das auf der ganzen Welt geschieht. Wenn du aus anderen Ländern stammst, heißt das nicht, dass es dich nichts angeht.«

In der gleichen Weise, wie die Einwandererkinder die universelle Dimension der Shoa begreifen, hat sich auch bei Yael Avitan Fisher der Blick auf den Holocaust verändert.

»Als ich jung war, habe ich an diesen Orten nach meinen Familiengeschichten Ausschau gehalten. Ich nahm es persönlicher. Heute frage ich mich mehr, wie die Deutschen über alles denken, wie das Ganze funktioniert hat. Die Welt hat geschwiegen, hat sich zurückgehalten und nichts getan. Wenn ich heute die Politik begreife, kann ich sehen, es geht nicht nur um Hitler. Die Frage ist, wie ein Mensch und eine Macht etwas Derartiges anrichten können. Und wie wir die Verantwortung dafür übernehmen, dass sich diese Dinge nicht wiederholen. Nicht nur gegen die Juden, auch gegen jedes andere Land. Wir wissen, was in Afrika und in Syrien geschieht. Und wir tun nichts.«

Es ist die Tatenlosigkeit, mit der wir Tragödien und Kriege verfolgen, gegen die Yael Fisher Avitan angehen will. Die rückwärts gerichtete Frage, wie der Holocaust vor den Augen der Weltgemeinschaft geschehen konnte, verschmilzt mit dem nicht weniger schmerzlichen Begreifen, dass wir alle hilflos im Fernsehen auf Krisenherde starren, in denen wieder Genozide und barbarische Verbrechen stattfinden.

»Um die Geschichte auf den Punkt zu bringen: Ich glaube, dass meine Arbeit mein Beitrag ist, wie ich die Welt besser, glücklicher und sicherer für diese Kinder machen kann, die keinen Platz in ihr haben. Es geht um die Frage: Wie können wir einem Kind helfen, damit es das Bestmögliche erreichen kann? Wie kann ich ihm mit der Sprache helfen, die nicht seine Muttersprache ist? Dieser Ort ist sicher für die Kinder. Wenn sie aus der Schule hinaus in das Viertel gehen, in dem sie leben, ist es dort nicht sicher. Wir befinden uns in Süd-Tel Aviv. Ich lasse meine eigenen Kinder hier nicht am Nachmittag durch die Straßen laufen.«

## 5

Es ist eine doppelte Lektion, die die Einwandererkinder von der Reise nach Polen mitnehmen. Zum einen stärkt sie ihre Identifikation mit ihrem neuen Heimatland; man kann Israel nicht verstehen, wenn man sich nicht intensiv mit der Geschichte des Holocaust auseinandersetzt. Zum anderen enthält diese Geschichte aber eine universelle Mahnung; der Widerstand gegen die Nationalsozialisten dient als Vorbild für den Kampf, der eine Wiederholung ähnlicher Verbrechen verhindern will.

»Ich sagte ihnen in Auschwitz«, erinnert sich Yael Fisher Avitan: »Dies ist unser Kampf.«

Man muss sich noch einmal vergegenwärtigen, wie alt ihre Großmutter, Hella Felenbaum-Weiss, war, als sie sich nach dem Aufstand von Sobibor der Roten Armee anschloss. 18. Genauso alt wie die Schüler der Bialik-Rogozin-Schule, die gerade die Reise nach Polen absolviert haben. Sie sind fast noch Kinder, aber schon bereit, ihr Land, Israel, mit ihrem Leben zu verteidigen. Für sie sind Menschen wie Hella Felenbaum-Weiss Helden.

Abbigail Singh: »Wir bekommen die Möglichkeit, am Militärdienst teilzunehmen und unsere Pässe zu bekommen. Wenn wir das tun, werden die anderen sehen, dass wir unseren Weg gehen, und das ist wichtig. Wir fühlen uns israelisch. Wir fühlen uns nicht philippinisch oder indisch. Wir sehen unsere Zukunft hier.«

Keren Singh: »Ich möchte in die kämpfende Einheit, aber das wird schwer. Denn ich bin Einzelkind. Meine Mutter wird mir niemals die Erlaubnis geben.«

Abbigail Singh: »Es ist wichtig, zum Militär zu gehen, nicht nur wegen des Passes. Aber ich möchte den Menschen etwas beibringen. Ich möchte nicht in ein Kriegsgebiet ziehen.«

Keren Singh: »Ich hoffe, dass ich einen guten Posten bekomme und nicht nur im Büro herumsitze und nichts tue.«

Abbigail Singh: »Nach der Militärzeit gehe ich vielleicht zur Universität. Vielleicht werde ich Lehrer.«

Rabbi Singh: »Es geht darum, das Land zu beschützen.«

Aus deutscher Perspektive mag sich solche Militärbegeisterung verstörend anhören. Die deutsche Wehrmacht hat Verbrechen begangen, die den Holocaust in vielerlei Hinsicht erst möglich gemacht haben. Der ganze Zweite Weltkrieg ist ohne den deutschen Nationalismus und Militarismus, der im Kaiserreich seinen Anfang nahm, nicht denkbar. Zugleich wäre Deutschland ohne den Kampf der Alliierten und ohne den Tod von Millionen sowjetischer, amerikanischer, britischer und anderer Soldaten nicht vom Nationalsozialismus befreit worden.

Dass die Schüler unbedingt zur Armee gehen wollen, ist nicht nur der Beweis, dass sie sich voll und ganz mit dem Land und seinem Volk identifizieren, sondern auch, dass sie die Brücke zwischen dem Schicksal der Juden und dem der freiheitlich-demokratischen Gesellschaft geschlagen haben, zwischen der Geschichte des Volkes, in dem sie leben, und ihrer Überzeugung, dass etwas Ähnliches niemandem mehr widerfahren darf.

## DAS ENDE DES SCHULDGEFÜHLS 8

### Mohamad Loai und was die Deutschen von den Einwanderern lernen können

1

Die Sätze lassen einem das Blut gefrieren. Aus dem Mund der Schüler klingen sie wie verbale Giftpfeile, die einem ins zentrale Nervensystem dringen. Wer hätte solche Sätze an dieser Schule erwartet?

»Siegt der Jude mithilfe seines marxistischen Glaubens über die Völker der Welt, dann wird seine Krone der Totenkranz der Menschheit sein.«

Die jungen Leute ergreifen reihum das Wort. Mädchen, die Kopftuch tragen, junge Frauen, die mit osteuropäischem Akzent sprechen. Einige der schwarzhaarigen jungen Männer haben einen Bart.

»Die geschichtliche Entwicklung zeigt in erschreckender Deutlichkeit, dass bei jeder Blutsvermengung des Ariers mit niedrigeren Völkern als Ergebnis das Ende des Kulturträgers herauskam. Den gewaltigsten Gegensatz zum Arier bildet der Jude.«

Die Sätze stehen in kleingedruckten Paragraphen auf einem Blatt Papier, das der junge, dunkelblonde Lehrer zuvor in der Klasse ausgeteilt hat[1]. Es ist eine Geschichtsstunde der Q1, also einer 12. Oberstufenklasse, deren Schüler in einem Jahr Abitur machen werden. Die Zeilen, die sie vorlesen, sind Originalzitate aus Hitlers »Mein Kampf«, geschrieben 1925, wie das Arbeitsblatt vermerkt. Ist es richtig, wenn ein deutscher Lehrer Einwandererkinder, zumal wenn sie muslimischen Hintergrund haben, Sätze vortragen lässt, die mit dem fettgedruckten Titel »Terror« überschrieben sind?

»Hätte man zu Kriegsbeginn und während des Krieges einmal zwölf- oder fünfzehntausend dieser hebräischen Volksverderber unter Giftgas gehalten, dann wäre vielleicht einer Million ordentlicher, für die Zukunft wertvoller Deutscher das Leben gerettet.«[2]

An deutschen Schulen gehört die intensive Beschäftigung mit dem »Dritten Reich« zum Lehrplan. So wie die Schüler zunächst ideologische Elemente einiger NSDAP-Wahlplakate entschlüsselt haben, fragt der Geschichtslehrer sie nun nach dem »von Hitler entworfenen Menschenbild«. Einer der Schüler, der sich dabei besonders hervortut, sitzt in der ersten Reihe.

»Ich finde es gut, dass darüber gesprochen wird, dass man uns das beibringt«, sagt er nach der Schulstunde. Er hat schwarze kurze Haare und formuliert seine Sätze mit Scharfsinn: »Ich fand es interessant, in die Psyche dieses Mannes reinzuschauen. Er hat seine ganzen Meinungen in dieses Buch geschrieben. Wir haben dieses Thema zwar schon in Grund- und Realschule durchgekaut, aber nicht von dieser Perspektive her.«

Es ist deutlich, dass er der Auseinandersetzung mit dem heiklen Text nicht nur gewachsen ist, sondern dabei auch einen Transfer zur heutigen Zeit herstellt.

»Es sind Fehler, die dürfen sich nicht wiederholen. Irgendwie laufen manche Dinge gerade wieder in die gleiche Richtung. Geschichte wiederholt sich ja bekanntlich immer wieder. Ich hoffe, dass es sich nicht wiederholt, aber es scheint so, als ob alles sich an manchen Orten wieder zuspitzen würde.«

Es ist klar: Mohamad Loai spielt auf die fremdenfeindliche Stimmung an, die der Pegida-Bewegung seit einigen Jahren Zulauf beschert hat. Dabei wird gegen Moslems mit ähnlichen Argumentationsmustern agitiert wie einst gegen die Juden[3]. Die hohen Wahlergebnisse der AfD haben diese rechte Straßenstimmung in die deutschen Parlamente hineingetragen. So wie die Knesset-Abgeordnete Miri Regev in Israel in Bezug auf afrikanische Zuwanderer von »Krebs« sprach, nennt ein AfD-Politiker syrische Flüchtlinge »widerliches Gewürm«. Asylbewerber bezeichnet er als »Parasiten, die sich von den Lebenssäften des deutschen Volkes ernähren«[4].

Mohamad Loai findet den Geschichtsunterricht aus diesen Gründen wichtig. Gerade im Zusammenhang mit der Israel-Reise ist die Auseinandersetzung mit den rassistischen Stereotypen, die Hitlers »Mein Kampf« ausbreitet, so interessant. Inwieweit sind Vorurteile, die der Nationalsozialismus aus dem Antisemitismus des 19. Jahrhunderts übernommen und in seiner menschenverachtenden Rassenpolitik bis zum Exzess getrieben hat, heute noch in den Köpfen verbreitet?

## 2

Wenn es um die Integration von Einwanderern geht, wenn man die Frage aufwirft, wie man Flüchtlinge oder Gastarbeiterkinder dazu bringt, dass sie sich mit der neuen Gesellschaft und ihren Werten identifizieren, stellt sich in Deutschland unweigerlich die Frage nach dem Umgang mit dem Nationalsozialismus. Was meint Adornos Diktum in diesem Zusammenhang, Ziel aller Pädagogik müsse es sein, »die Wiederkehr von Auschwitz zu verhindern«[5]?

Wie stark muss sich jemand, der aus einem anderen kulturellen Umfeld stammt, mit dem Holocaust auseinandersetzen? Wenn Zuwanderer ein positives Verhältnis zum demokratischen Rechtsstaat aufbauen oder sogar Stolz auf die Zugehörigkeit zu diesem wirtschaftlich erfolgreichen Land entwickeln sollen – müssen sie sich dann nicht auch das Schamgefühl über die Verbrechen des Nationalsozialismus zu eigen machen?

Im Januar 2015, angesichts des 70. Jahrestags der Befreiung von Auschwitz, hat Josef Schuster, der Präsident des Zentralrats der Juden in Deutschland, in einem Interview gefordert: »Ich wünsche mir, dass jeder Schüler ab der neunten Klasse verpflichtend eine KZ-Gedenkstätte besucht. Alle Bundesländer, in denen das noch nicht der Fall ist, sind gefragt, dies einzuführen. Theorie und Unterricht sind schließlich die eine Sache, das konkrete Erleben vor Ort, die plastische Anschauung, die andere.«[6]

Die Tragweite des Statements offenbarte sich erst einige Monate später, als im bayerischen Landtag der Antrag eingereicht wurde, den »Besuch einer Gedenkstätte für die Opfer des Nationalsozialismus/eines NS-Dokumentationszentrums in allen bayerischen Schularten fest zu verankern«. Der CSU-Politiker Klaus Steiner lehnte diese Forderung für Förder- und Mittelschulen ab – unter Verweis auf die zahlreichen muslimischen Flüchtlingskinder und Migranten, »die noch lange brauchen würden, bis sie sich mit unserer Vergangenheit identifizieren können«[7].

Der Aufschrei über diesen Satz reichte von der »Jerusalem Post« bis hin zum »Simon Wiesenthal Center« in Los Angeles. Im Kontext der Anschläge von Paris und Kopenhagen, die sich gegen Juden richteten, hatte Bundesinnenminister Thomas de Maizière (CDU) zwei Wochen zuvor aktuelle Zahlen zu antisemitischer Kriminalität präsentiert und dabei vor allem den radikal-islamischen Antisemitismus fokussiert. »Im vergangenen Jahr wurden 1.596 antisemitische Straftaten registriert. Das waren 321 oder 25 Prozent mehr als im Jahr zuvor.«[8]

Klaus Kirstein, einer der beiden Lehrer, die maßgeblich für die Betreuung der Israel-Reise zuständig sind, kann einen gewissen Bedarf an der Auseinandersetzung mit Antisemitismus und Rassismus bei Schülern gleich welcher Herkunft nicht leugnen:

»Wir haben eine Menge muslimische Schülerinnen und Schüler, aber auch, wie sagt man so schön politisch korrekt, herkunftsdeutsche Schülerinnen und Schüler, unter denen es welche mit, vorsichtig formuliert, nicht unbedingt demokratischen Grundhaltungen im Sinne des Grundgesetzes gibt. Ich habe bewusst beide Gruppierungen in Bezug auf antisemitische, rassistische Hintergründe angesprochen. Die Schulpartnerschaft, dieses Zusammenführen von Jugendlichen, ist auch ein programmatischer Ansatz, um genau dagegen anzuarbeiten. Menschen, die sich kennen, schießen seltener aufeinander.«

Seine Kollegin Silvia Lichtenstein, die die Israel-Reise mit ihm organisiert, hat ebenfalls diese Erfahrung gemacht: »Ich habe auch einige dabei, die ihre Vorbehalte zwar nicht öffentlich formulieren. Aber sie bekommen von zuhause schon die Botschaft mit, dass der Jude an sich doch ein bisschen mit Vorsicht zu genießen ist. Ich habe einen Kurs, da geht es hoch her. Gerade in Philosophie – wenn wir da über Kulturrelativismus sprechen. Da heißt es: Wir sollen uns schon gegenseitig respektieren, alle Mentalitäten sind gleichwertig. Dann kommt jedoch immer das große Aber.«

Die beiden Lehrer haben in Israel auch eine Tagesfahrt nach Yad Vashem geplant. Bei Klaus Kirstein schwingt dabei ein persönliches Anliegen mit. Sein Engagement für die Israel-Reise hat auch einen biographischen Hintergrund, offenbart er: »Mein Großvater würde aus dem Grab steigen und wütend protestieren, der war bei der SS. Um es mal ganz deutlich zu sagen: Es gibt noch einiges, was an rechtem Gedankengut in Deutschland bis heute in den Familien vorhanden ist.«

Klaus Kirstein hat sich mit seiner Familiengeschichte früh auseinandergesetzt und ist schon als junger Mann nach Israel gereist – und zwar mit dem eigenen Auto.

»1986/87 bin ich dahin gefahren, von Berlin aus über die Autobahn durch das ehemalige Jugoslawien, mit einer Fähre übers Mittelmeer nach Haifa und dann über den Sinai nach Ägypten. Wenn dann da so kleine Jungs stehen und begeistert das deutsche Kennzeichen erkennen – und zwar nicht, weil man als Tourist Geld mitbringt, sondern nach dem Motto: ›Adolf Hitler hat doch was ganz Großartiges gemacht‹ –, dann steht man als Deutscher sprachlos da. Die können kaum Englisch, aber das können sie sagen.«

Umso wichtiger ist es auch für Klaus Kirstein, dass sich Schüler mit der Geschichte des Nationalsozialismus auseinandersetzen. Und umso besser ist es, wenn die persönliche Anschauung das intellektuelle Begreifen durch ein direktes Erleben von Gedenkstätten wie Yad Vashem noch verstärkt. Das gilt für alle Schüler, unabhängig, ob sie Zuwanderer oder »Herkunftsdeutsche« sind.

Doch noch einmal die Frage: Wie *emotional* sollen Einwandererkinder in Deutschland sich mit dem Holocaust auseinandersetzen? Müssen sie sich auch mit der deutschen Schuld *identifizieren*, die für die Nachkriegsgenerationen untrennbar zum Deutschsein gehörte? Oder ist eine rationale Aufarbeitung des Nationalsozialismus die beste Grundlage für den nüchternen Verfassungspatriotismus, mit dem deutsche Staatsbürgerschaft heute einhergeht?

## 3

Im Geschichtsunterricht nebenan analysieren die Schüler die Auszüge aus »Mein Kampf«. Der Lehrer lässt herausarbeiten, wie Hitlers Buch Dinge, die nichts miteinander zu tun haben, ideologisch vermengt: Religion und Staatsangehörigkeit, Judentum und Marxismus. Am unteren Ende der Seite sind zwei Zeichnungen aus einem Kinderbuch von 1936 abgedruckt. Die eine zeigt einen muskulösen Landarbeiter mit blondem Kurzhaarschnitt, der sich mit nacktem Oberkörper auf einen Spaten stützt, während die andere einen beleibten schwarzhaarigen Mann im Anzug karikiert, der eine Aktentasche trägt und dabei eine Zigarre raucht. Den NS-Klischees vom »Arier« und vom »Juden« sind jeweils Gedichtzeilen in altdeutscher Schrift zugordnet:

»Der Deutsche ist ein stolzer Mann, der arbeiten und kämpfen kann. Weil er so schön ist und voll Mut, hasst ihn von jeher schon der Jud. – Das ist der Jud, das sieht man gleich, der größte Schuft im ganzen Reich. Er meint, dass er der Schönste sei, und ist so hässlich doch dabei!«

Tatsächlich zeigt sich in der Diskussion, wie schwer es dem einen oder anderen Schüler fällt, die eigenen Klischees, die er über Juden mit sich herumträgt, von der nationalsozialistischen Propaganda zu trennen. Ein Mädchen mit osteuropäischer Herkunft sagt mit Blick auf die Wirtschaftskrise, die die NS-Propaganda einer reichen jüdischen Unternehmerschicht in die Schuhe schob: »Das war ja wirklich so. Stell dir vor, dass die immer den Teller voller Essen hatten.«

Natürlich lässt der Lehrer ihr den Satz nicht durchgehen und macht den Schülern klar, dass sie bei ihren Worten auf die Sprechperspektive achten müssen. Es war eine »Sündenbockfunktion«, die die Nationalsozialisten den Juden übertragen haben. Der scharfsinnige Mohamad Loai hält solche Analysen für wichtig, weil die Parallelen zwischen Vergangenheit und Gegenwart gerade in dieser Hinsicht so eklatant sind:

*Mohamad Loai*

»Deswegen ist es wichtig, dass man verstehen kann, wie gefährlich so etwas ist. Menschen, die wenig darüber wissen, geraten sehr schnell in eine Falle wie die Menschen, die früher davon überzeugt wurden. Menschen hassen gerne. Das ist das Problem in der heutigen Zeit. Sie suchen sich gern einen Sündenbock. Das kann sich auch in diese Richtung wieder hinentwickeln.«

Mohamad Loai hat eine erstaunliche Familiengeschichte. Sein Vater bekleidete in den 1980er Jahren an einer Iraker Universität eine leitende Position als Biologie-Professor. Schon damals plant er auszuwandern, doch die Geburt seiner drei Kinder macht eine Umsetzung des Plans zunächst unmöglich. Der Vater, der weder religiös noch politisch ist, will sich im verschärften Klima der 1990er Jahre nicht positionieren, was seine Rolle an der Universität schwierig macht. 2001 gelingt ihm mit der Familie die Ausreise in die Bundesrepublik. Mohamad Loai war damals drei Jahre alt, zu klein, um sich an die Umstände erinnern zu können, aber er sagt:

»Er hat alles aufgegeben, die Gesundheit und die Zukunft der Kinder waren ihm wichtiger.«

Die Familie gelangt über Freunde nach Essen, zieht in die Nachbarschaft der UNESCO-Schule. So wurde er hier Schüler.

»Unsere Schule sticht heraus. Sie ist eine der wenigen Schulen, die so viele Nationen hat. Was ich auch gut finde, sind die V-Klassen. Man ermöglicht den Menschen, sich zu integrieren und weiterzukommen.«

Wie ist dies bei ihm selbst? Inwieweit ist er in die deutsche Gesellschaft integriert? Fühlt er sich als Deutscher?

Man muss diese Fragen ein letztes Mal zuspitzen und noch einmal die Frage nach dem Zusammenhang von deutscher Geschichte und deutscher Identität stellen. In Israel ist es ganz eindeutig: Um das Land und seine »Seele« zu verstehen, muss man sich intensiv mit der Geschichte der Shoa, die das jüdische Volk erlitten hat, auseinandersetzen. Das gilt gerade auch für Einwanderer, die keine jüdische Abstammung haben und nicht das Geringste mit dieser Geschichte zu tun haben.

Gilt dasselbe für Deutschland – nur unter umgekehrten Vorzeichen? Welche Rolle spielt der Holocaust für das Verständnis Deutschlands in Mohamad Loais Augen? Gehört das *Schuldgefühl*, das für die Nachkriegsgenerationen ein prägender Teil der deutschen Identität war, auch für ihn dazu?

»Man sollte das Deutschland nicht jedes Mal vorhalten. Aber man sollte es auch nicht vergessen«, meint Mohamad Loai. »Die Gefahr, dass man vergisst, ist groß. Es ist heute mehr eine universelle Geschichte, auch wenn man die Wurzeln, von woher die Geschichte kommt, nicht vergessen darf. Jedes Land hat seine Geschichte. Eine gute und auch eine schlechte Geschichte. Die Engländer, die Römer, auch die Araber, die Osmanen. Jeder hat seine dunkle Zeit gehabt. Man darf keine vergessen. Es ist wichtig, dass man auch die anderen Geschichten der Länder nachvollzieht und versteht.«

**4**

Steht Mohamad Loai mit seinem Blick auf die deutsche Geschichte allein da? Keineswegs. Wenn man die türkischstämmige Rumeysa Koc darauf anspricht, erhält man eine ganz ähnliche Antwort. Sie ist mit ihren Schulkameraden im Vorjahr auf Klassenfahrt in Polen gewesen, hat von Krakau aus Auschwitz besucht. Macht es in ihren Augen einen Unterschied, ob die eigenen Vorfahren aus Deutschland oder von anderswoher stammen?

»Wir waren mit zwei Kursen in Krakau, darunter Alex Rimbaris, Manuel Muflizović, Steven Lieu und ich. Dabei spielt es überhaupt keine Rolle, aus welchem Land man kommt. Es geht um die Menschen, die da umgekommen sind. Da spielt die Nationalität keine Rolle. Man muss darauf aufmerksam gemacht werden, dass so etwas nicht wieder passiert. Ich finde das selbstverständlich.«

Oft schwingt in deutschen Identitätsdebatten die quälende Frage mit, ob es nicht an der Zeit wäre, einen Schlussstrich unter die »Holocaustfixierung« zu ziehen, um der dritten Nachkriegsgeneration, also auch den Einwandererkindern, eine unbelastete deutsche Identität zu ermöglichen. Aber die Antworten der Schüler zeigen klar: Die Erinnerung an den Holocaust und eine positive Integration in die deutsche Gesellschaft stehen sich nicht im Weg, im Gegenteil.

Genauso wie für Rabbi Cruz und die anderen israelischen Einwandererkinder, die mit der Bialik-Rogozin-Schule nach Polen gefahren sind, ist die Geschichte des Holocaust für die UNESCO-Schüler das universelle Narrativ eines Menschheitsverbrechens, das eine Lektion für alle Menschen und Völker bereithält. Sie ignorieren dabei nicht die spezifisch deutsche Verantwortung, aber lehnen für sich den Schuldkomplex ab, der sich an die deutsche Identität heftete. Im Gegenteil, so wie die israelischen Schüler die kämpferische Einstellung daraus ableiteten, sich gegen eine Wiederholung der Geschichte zur Wehr zu setzen, kann sich aus der Aufarbeitung ein deutsches Selbstbewusstsein speisen, das für Demokratie und Menschenrechte steht. Genau das kann die deutsche Gesellschaft von Einwanderern wie Mohamad Loai lernen, wenn er sagt:

»Für mich zeigt es letzten Endes, wie Deutschland aus seinen Fehlern gelernt hat. Ich lebe nahezu mein ganzes Leben hier, schon seit ich drei bin, deswegen fühle ich mich auch als Deutscher. Natürlich weiß ich, was meine Wurzeln sind und lebe sie auch zuhause öfters aus. Ich rede mit meinen Geschwistern Deutsch, mit Eltern auch ab und zu. Ich habe beide Kulturen auf einer Waage, auf dem gleichen Level.«

Mohamad Loai ist die Integration großartig geglückt. Das hat zweifelsohne mit seinem Elternhaus zu tun, aber auch mit der exzellenten Schule, auf die er geht. Mohamad Loai ist ein Moslem, der seine arabische Herkunft nicht vergisst und sich trotzdem in einem guten, aufgeklärten Sinn als Deutscher fühlt.

Sein Traum wäre es, nach dem Abitur Medizin zu studieren. »Aber die Noten holen einen immer wieder runter«, lächelt er. Deshalb will er wie sein Vater Biologe werden und »vielleicht in Richtung Neurobiologie« gehen. Für den erforderlichen Notendurchschnitt lernt er gerade intensiv. »Man benötigt 1,9. Ich bin momentan auf einem guten Weg, habe Bochum oder Münster im Visier. Ich bewerbe mich natürlich an so vielen Unis wie möglich.«

**5**

Auch Rumeysa Koc steht unmittelbar vor dem Abitur. Ihre Lieblingsfächer sind Sprachen, aber studieren möchte sie etwas anderes, vielleicht etwas Naturwissenschaftliches. Nun ist sie erst einmal auf die Israel-Fahrt gespannt:

»Ich wollte schon immer nach Israel. Es ist ein religiöser Ort für alle Religionen. Jerusalem ist in jeder Religion vertreten, das verbindet die Menschen. Meine Eltern sind Moslems und haben keine Vorurteile.«

Esra Nur Çetin, die mit einer Ausbildung im psychologisch-seelsorgerischen Bereich liebäugelt, geht es genauso. Sie will sich »eine eigene Meinung über das Land bilden und die heiligen Stätten besuchen. Meine Mutter hat das unterstützt. Mein Vater war etwas besorgt, aber er wusste, wie gern ich es wollte.«

Und Manuel Muflizović, der bald zum Modedesign-Studium nach Berlin aufbrechen will, sagt: »Ich wollte schon lange unbedingt nach Jerusalem. Und dann begeistert mich, dass Tel Aviv die lebendigste und toleranteste Stadt im Nahen Osten ist.«

Auch die Lehrer, die die Schulpartnerschaft angebahnt haben, sind gespannt auf die Reise. Sie kennen die Bialik-Rogozin-Schule bereits, wollen sich aber mit den Schülern vor Ort noch einmal ein Bild machen, wie sie einige Dinge, die Eli Nechama und sein Team praktizieren, nach Deutschland holen können.

»In Tel Aviv werden die hohen religiösen Feiertage aller Religionen im Schulleben gefeiert«, sagt Annette Uttendorfer und würde Ähnliches in Zukunft gern auch in Essen tun. Außerdem möchte sie »Kunst in den V-Klassen anbieten«, um den Neuankömmlingen die »Möglichkeit zu geben, sich ohne Sprache auszudrücken«. Ebenso groß ist das Defizit in Hinblick auf den Musikunterricht – »aber ich habe auch keinen Musiklehrer«.

Klaus Kirstein hat ebenfalls die religiöse Vielfalt der Bialik-Rogozin-Schule im Blick und verweist, was die personellen Dinge angeht, auf den »sehr großen Stab an ehrenamtlichen Mitarbeitern. Das ist sehr beeindruckend. Ehrenamtliche Mitarbeit in dieser Größenordnung gibt es hier generell so nicht.« Mit ihrer Hilfe ließe sich vielleicht auch eine weitere Schnittstelle schließen, die Annette Uttendorfer noch wichtig ist: der Kontakt zu den Eltern. »Aufgrund der Sprachbarriere«, bedauert sie, »kommen wir an sie nur ganz schwer ran.«

Die Neugier ist also groß, bei Lehrern wie bei Schülern. Auch wenn allen klar ist, dass sich nicht auf Anhieb Berge versetzen lassen: Entscheidend ist, dass man Brücken schlägt und gemeinsam neue Wege erkundet.

Bleibt nur eine Frage vor der Abreise nach Tel Aviv. Was ist mit Johnson Blay? Kann auch der junge Mann ohne Pass, der nach seiner jahrelangen Odyssee an der UNESCO-Schule ein Zuhause gefunden hat, nach Israel fahren?

# 9 AUFBRUCH IN DIE UNABHÄNGIGKEIT

## Michelle Mombi und der Kampf um die freie Gesellschaft

### 1

Die Schule ist ein einziges Fahnenmeer. Fähnchengirlanden überziehen den Schulhof, große lange Banner fließen von den Außenfassaden hinab. Unter dem blauen Himmel, der mit weißen Schäfchenwolken gesprenkelt ist, wirken die blauweißen Nationalfahnen auf den grauen Schulmauern wie ein Feiertagsanstrich.

Die junge Frau, die die Schule betritt, sieht wie Bob Marleys jüngere Schwester aus. Ihre Dreadlocks fallen ihr über die Schultern bis zum Nabel hinab, und das beige Uniformhemd, das mit bunten Aufnähern übersät ist, hängt ihr lässig aus der Hose. Ein Sticker zeigt das Logo von »Jack Daniels«, ein anderer einen Skorpion.

Michelle Mombi trägt das Pfadfinderhemd als Festtagsgewand. »Ich bin bei den Pfadfindern, seit ich klein war. Die sind wie meine Familie.«

Das Hemd hat sie von einer Vorgängerin bekommen. Die Sticker sind Erinnerungen an Exkursionen oder Geschenke von Freunden. Auch ihr Vater hat ihr einen bunten Aufnäher geschenkt. Ihr Vater, der ihr so viel bedeutet: Viele Jahre hat sie um ihn gezittert, hat sie Angst gehabt, dass er aus Israel ausgewiesen wird. Nach der Scheidung ihrer Eltern begann eine dunkle Phase in ihrem Leben, an der sie fast zerbrochen wäre.

»Ich hatte immer Angst. Manchmal wusste ich nicht, warum er nicht zuhause war, weil mir niemand den Grund gesagt hatte. Einmal, als meine Eltern schon geschieden waren, haben sie ihn wieder verhaftet. Sie haben ihn ins Gefängnis gesteckt. Sein Rechtsanwalt hat getan, was er nur konnte, um ihn wieder rauszubekommen. Es jagte mir Angst und Schrecken ein. Aber mein Vater sagte mir: ›Du musst dich auf die Schule und deine Zukunft konzentrieren.‹«

*Michelle Mombi*

Von der schweren Zeit ist Michelle Mombi nicht mehr das Geringste anzumerken. Sie steht kurz vor dem Abitur, hat bei den Pfadfindern eine gesellschaftliche Rolle gefunden, kümmert sich dort um den Nachwuchs. Die Achtzehnjährige, die auch an der Polen-Reise teilgenommen hat, ist eine Vorzeigeschülerin der Bialik-Rogozin-Schule: selbstbewusst, der Zukunft zugewandt, fröhlich. Sie hat an diesem Tag ihr Pfadfinderhemd angezogen, um einen der wichtigsten israelischen Feiertage zu begehen: den Gedenktag für die gefallenen Soldaten.

## 2

Die Gesichter der Erst- und Zweitklässler blicken unter den Fähnchengirlanden gebannt zu dem braungebrannten Mann auf, der ihnen die letzten Regieanweisungen gibt. Im Seitenhof haben ältere Schüler mit riesigen Israelfahnen Aufstellung genommen und proben noch einmal die Parade, die die Frau mit dem blonden Pferdeschwanz leitet. Während Eli Nechama den ganzen Tag eine fulminante Choreographie einstudiert hat, bei der er den Schulhof in eine riesige Gedenkbühne verwandelt, hat Yael Fisher Avitan die Parade der Fahnenträger vorbereitet. Nun senkt sich die Sonne mit ihrem rötlichen Licht über den Schulhof, die Generalprobe ist vorüber. In wenigen Augenblicken beginnt die offizielle Zeremonie zum Memorial Day.

Nach und nach versammeln sich die Gäste. Die ganze Schule ist auf den Beinen. Nicht nur Schüler und Lehrer treffen ein, auch zahlreiche Ehrengäste. Neben Michelle Mombi sind die anderen Teilnehmer der Polenreise zu sehen: Rabbi Cruz, Abbigail und Keren Singh. Natürlich sind alle Lehrer gekommen, darunter Devora Schlesinger, Alon Bezalel, Gonny Negamba sowie die Sozialrektorin Riki Hasklovich. Auch die ehrenamtlichen Helfer fehlen nicht: Rina Zamir, Sari Levy und Elazar Friedman mit seiner Frau Ofra. Und zwischen ihnen – die berühmte ehemalige Schulleiterin Karen Tal. Sie ist eine zarte, modisch gekleidete Frau, der man auf den ersten Blick ihre Tatkraft und Herzlichkeit ansieht.

Wenn an diesem Abend all diejenigen zusammenkommen, die der Bialik-Rogozin-Schule zu ihrer Einzigartigkeit verholfen haben, dann wird deutlich, dass diese Feierstunde nicht nur ein Augenblick der Erinnerung ist, in dem der gefallenen Soldaten gedacht wird, sondern auch ein Moment, in dem die Schule sich ihrer selbst besinnt. Musik ertönt jetzt aus den Lautsprechern, die in der Schulhofmitte aufgestellt sind, Scheinwerfer heben die Kinder aus der Dunkelheit hervor, die unter den leuchtenden Fähnchengirlanden in Gruppen wie in eine Arena treten. Die Zuschauer rahmen den Auftritt mit ihrem Halbrund ein, dahinter erheben sich am Rand des Hofes die Steinstufen, die ebenfalls mit Menschen gefüllt sind. Weit über tausend Zuschauer sind gekommen, nicht nur unmittelbare Schulangehörige, sondern auch Tel Aviver, für die die Schule längst das Symbol eines gesellschaftlichen Gegenentwurfs geworden ist.

*Die Bialik-Rogozin-Schule bereitet sich auf den Memorial Day vor.*

Tatsächlich: Wenn man die asiatischen und afrikanischen Kindergesichter sieht, wie sie nun gemeinsam ein Gedenklied anstimmen, ist das unglaublich berührend. Es ist nicht nur die melancholische Melodie, deren Stimmung einen ergreift, ohne dass man eine einzige Textzeile verstehen müsste. Es ist vor allem die Verve, mit der die Einwandererkinder das Lied mitsingen und die sie felsenfest im kulturellen Setting des neuen Heimatlandes verankert. Für den deutschen Zuschauer tut sich bei diesem Erlebnis wieder intensiv der Spiegel auf, den der Blick auf diese einzigartige israelische Schule darstellt und in dem so viele Fragen wiederzuerkennen sind, die die Integration von Einwandererkindern bei uns betreffen. Es ist unübersehbar: So wenig diese Grundschulkinder schon begreifen können, in welches Zeremoniell sie hier eingebunden werden, so sehr bekommen sie durch den Ritualcharakter eine starke emotionale Bindung an ihr neues Heimatland eingepflanzt, an seine Nationalsymbole und seine Gedenkriten.

Jetzt treten Eli Nechama und eine Ehrenamtliche an das Rednerpult und sprechen mit ernsten Worten zum Publikum. Die israelischen Ehrengäste, darunter Vertreter der Armee, lauschen ebenso andächtig wie die vielen Zuwandererfamilien, die gekommen sind. Diese emotionale Einbeziehung in die israelische Feiertagskultur macht verständlich, warum sich Schüler wie Rabbi Cruz mit ihrem neuen Vaterland mit solch flammendem Enthusiasmus identifizieren, dass sie es sogar mit der Waffe in der Hand verteidigen wollen. Als deutscher Betrachter, dem jedes Zeremoniell für gefallene Soldaten völlig fremd ist, kommt man aus dem Staunen nicht heraus. Man stelle sich vor: wie der Schulhof einer deutschen Schule sich in ein schwarz-rot-goldenes Fähnchenmeer verwandeln, wie Schüler und Lehrer einen Tag lang eine Gedenkchoreographie mit Liedern und Tänzen einstudieren würden und wie der abendliche Feierakt von Hunderten von Einwandererkindern aus Albanien, Afghanistan und Syrien zelebriert würde!

So undenkbar das angesichts der deutschen Geschichte ist, so deutlich kann man als Außenstehender erkennen, dass die Bialik-Rogozin-Schule bei solchen Veranstaltungen eine Art Initiationsritus begeht, eine Taufzeremonie, die die emotionale Aufnahme der Zuwanderer in die israelische Gemeinschaft bewirkt, und das nicht nur nach innen, nicht nur für die Kinder, ihre Familien und die Lehrer als ihre Pateneltern. Diese Aufnahme erfolgt auch sichtbar nach außen, zeigt sich als gesellschaftlicher, Grenzen sprengender Aufnahmeakt, der sich demonstrativ über die Schulmauern hinaus an das Viertel wendet, in dem sich die Schule befindet. Genau wie an Purim, wenn Eli Nechama die Kinder mit einem laut aufspielenden Polizeiorchester durch Süd-Tel Aviv ziehen lässt, verkündet die Schule der Außenwelt: Seht her, wir sind hier, wir gehören dazu, euer Feiertag ist unser Feiertag, und wir feiern ihn noch schöner als alle anderen.

*Kränze werden niedergelegt.*

Zum Schluss werden Fackeln im Hintergrund entzündet, die lodernde Buchstaben bilden; dazu werden Fotos von

Soldaten auf eine Leinwand gebeamt, die in verschiedensten Kriegen seit der Gründung Israels gefallen sind. Von der linken Seite führen Schulvertreter nacheinander Schüler in die Mitte, von der rechten Seite bringen Lehrer, unter ihnen Yael Fisher Avitan, ihnen Kränze, die sie zusammen vor der Projektionsleinwand ablegen. Über dem Schulhof ragt von der Ha'Aliya Straße her ein riesiger Wohnblock auf, der mit seinen Balkonen und Fenstern wie eine leuchtende Zuschauertribüne wirkt. Wenn im Anschluss noch »The Mamas and the Papas« singen, dann kann tatsächlich niemand im ganzen Stadtteil überhören, dass seine neuen Bewohner aus Leib und Seele Israelis sind, dann strahlt der Gesang der Zuwanderer in die Restgesellschaft hinaus.

Genau das ist es, was Eli Nechama erzeugen möchte: Er will mit seinen Schülern gesehen werden. Und genau das gelingt ihm, wie die Reaktionen im Anschluss bestätigen: Die Schule ist ein Vorbild, setzt Maßstäbe.

Elazar Friedman ist beeindruckt: »Für mich, der drei Söhne in der israelischen Armee hatte, war das emotional unglaublich bewegend.«

Auch Karen Tal betont, wie »extrem berührt« sie war. »Die Studenten, die mich umarmt haben, gehörten zu denen, denen wir zur Staatsbürgerschaft verhelfen konnten. Einer von ihnen war früher illegal. Es erinnert mich daran, welche Reise wir zusammen zurückgelegt haben.«

Für die einstige Schulleiterin wird an diesem Abend noch einmal deutlich, welches Entwicklungspotential der ganzheitliche Ansatz der Schule besitzt. Die Bildungsorganisation Tovanot Bachinuch, die sie 2011 gegründet hat, unterstützt mittlerweile 22 Schulen, die dem gleichen Geist verpflichtet sind. Es sind Schulen ganz unterschiedlicher Couleur – mit Schülern aus arabischen Gemeinden, aus bildungsfernen Elternhäusern, aus Einwandererfamilien. Finanziert wird Tovanot Bachinuch ausschließlich über private Spenden, die von führenden Unternehmern stammen, angefangen bei Yossi Vardi bis hin zu Vorstandsvorsitzenden großer israelischer Firmen. Das Ziel ist dasselbe wie bei der Bialik-Rogozin-Schule: Kindern Chancengleichheit zu gewähren und dem Auseinanderdriften der Gesellschaft entgegenzuwirken.

»Kinder sind Kinder. Der Gemeinschaftsgeist, das Herz und die klare Vision lassen sich überall verwirklichen. Es ist eine schwierige Welt, aber wir können das Leben vieler Schüler ändern, auf der ganzen Welt.«

*Sari Levy fotografiert Karen Tal inmitten ehemaliger Schüler.*

Am Ende stellen sie sich zum Gruppenfoto auf, die Lehrer, die Ehrenamtlichen, Eli Nechama und Karen Tal – und dazu einige ehemalige Schüler, die in ihren Uniformen gekommen sind. Sari Levy hebt ihr Handy in die Höhe und berührt den Auslöser.

**3**

Sollen deutsche Schulen dieses Vorbild kopieren? Sollen sie mit Zuwandererkindern den Tag der Deutschen Einheit in einem schwarz-rot-goldenen Fahnenmeer begehen, gemeinsam die Nationalhymne anstimmen und dabei mit Fackelbuchstaben das Wort »Deutschland« lodern lassen, während Kränze für die Opfer von Faschismus und Kommunismus niedergelegt werden?

Keine Frage: Die Emotionalisierung von Nationalgefühlen, zumal unter Verwendung von Gruppenchoreographien, Musik und Feuer, ist durch die nationalsozialistische Ikonographie diskreditiert. Der deutsche Betrachter, der aufgrund der Verbrechen der deutschen Wehrmacht auch einen inneren Widerstand gegen militärische Ehren empfindet, erinnert sich in diesem Zusammenhang sofort an die assimilierten deutschen Juden, die mit größtem deutschen Patriotismus für das deutsche Kaiserreich in den Ersten Weltkrieg gezogen sind. Ihr Schicksal war, sofern sie nicht in einem der Schützengräben ums Leben kamen, das des Grunewalder Arztes Dr. Kurt Fleischer, des Großvaters von Ram Orion, der trotz seiner Anerkennungsurkunde von den Nationalsozialisten aus dem Land gejagt wurde – und das Glück hatte, dass er nicht wie Unzählige seiner Schicksalsgenossen in einer Gaskammer ermordet wurde.

Natürlich kann man das heutige Israel nicht mit dem Deutschland der ersten Jahrzehnte des 20. Jahrhunderts vergleichen. Aber gibt es nicht auch hier ein Auseinanderfallen zwischen dem kampfbereiten Patriotismus, mit dem Einwandererkinder für ihr neues Heimatland zu sterben bereit sind, und der Ablehnung, die sie durch einen Teil der Gesellschaft erfahren? Hinzu kommt, dass die israelische Armee, die die Schüler als Verteidigungsstreitmacht ihres Heimatlandes sehen, für viele Kritiker auch eine »Okkupationsarmee« ist, die selbst das unterdrückte palästinensische Volk in Schach hält. Ist die emotionale Brücke, die die Bialik-Rogozin-Schule zwischen Einwandererkindern und Armee schlägt, vor diesem komplexen Hintergrund nicht der falsche Weg, ihnen eine Bindung zu ihrem Heimatland zu vermitteln, ein Weg, der nichts mit friedvoller Integration und Völkerverständigung zu tun hat?

Die Antwort lautet schlicht und einfach: nein.

Bei allem, was man Israel im Nahostkonflikt vorhalten muss – und bei aller militärischen Unverhältnismäßigkeit, die man der israelischen Kriegsführung bei Gegenschlägen gegen radikale Palästinenser vorwerfen kann: Man darf die israelische Armee nicht mit der rechtsgerichteten Politik der Netanjahu-Regierung in einen Topf werfen. Unter allen Medien gilt ausgerechnet das Militär-Radio »Galatz« bislang als eines der liberalsten in Israel, und einer der ranghöchsten Militärbefehlshaber Israels, Yair Golan, verglich bei seiner Holocaust-Gedenkrede 2016 Israels gesellschaftlichen Rechtsruck mit den Entwicklungen im Deutschland der Dreißiger Jahre. Wörtlich zeigte Generalmajor Golan sich entsetzt über die Tatsache, dass er »Zeichen des Umsturzprozesses, der in Europa im Allgemeinen und in Deutschland im Speziellen vor siebzig, achtzig und neunzig Jahren stattfand, hier unter uns heute im Jahr 2016 wiederfinde«[1]. Gerade die Erinnerung an die Geschichte müsse die israelische Gesellschaft zu einem grundsätzlichen Nachdenken darüber führen, »wer wir hier und heute sind, wie wir Fremde behandeln (...). Nichts ist einfacher, als den Fremden zu hassen, nichts einfacher, als Ängste zu schüren und zu verunsichern.«

Die Rede löste in Regierungskreisen einen derartigen Skandal aus, dass der Major in die Nähe von Holocaustleugnern gerückt wurde. Als sich kurz darauf Verteidigungsminister Mosche Jaalon – bestärkend – an die Offiziere der israelischen Armee wandte und sie dazu ermunterte, »ihre Sorgen und Kritik offen kundzutun, auch wenn diese der Position der Regierung zuwiderlaufe«[2], geriet er mit Ministerpräsident Benjamin Netanjahu in einen solch intensiven Streit, dass er seinen Rücktritt erklärte.

Die Folge war eine weitere Verschärfung des zuwandererfeindlichen Klimas in Israel. Israels neuer Verteidigungsminister, der ultranationale Avigdor Lieberman, erließ nur drei Monate später eine Anordnung, wonach israelische Soldaten künftig keine ehrenamtliche Hilfsarbeit mehr bei Zuwandererkindern leisten dürften, die sich ohne Aufenthaltserlaubnis im Land befänden[3].

Wieder war es eine hochrangige Armeeeinheit, die vehement gegen dieses Verbot Einspruch erhob. Ein Mitglied betonte, wie wichtig es sei, »dass Soldaten mit ihnen freiwillige Zeit verbringen, da es uns erlaubt, sie in anderem Licht zu sehen und Bedürftige zu unterstützen.«[4]

Auch Eli Nechama wandte sich sofort mit einem wütenden Statement an die Presse, in dem er daran erinnerte, »dass Kriege nicht auf dem Rücken von Kindern ausgetragen werden und dass wir alle Kinder der Welt sind.« Er verwies nachdrücklich darauf, dass alle Schulabgänger, deren Status dies zulässt, den Armeedienst leisten: »Sie verdienen nicht, bestraft zu werden. (...) Lasst die Soldaten weiterhin ehrenamtliche Arbeit leisten und ihre Werte, ihr Gleichheitsdenken und ihre Ethik zum Ausdruck bringen.«[5]

Das alles belegt, dass die Bialik-Rogozin-Schule nicht nur interne Erziehungsarbeit für ihre Kinder leistet, sondern dass sie nach außen hin eine hochpolitische

Position in der israelischen Gesellschaft bezieht – und zwar gerade dann, wenn sie Einwandererkinder auf solch provokativ öffentliche Weise den Soldatengedenktag begehen lässt. Wer glaubt, dass hier pädagogische Gutmenschen ihren integrativen Vorzeigespielplatz in einer gesellschaftlichen Luftblase betreiben, irrt gewaltig. Eli Nechama und sein Team kämpfen nicht im luftleeren Raum, sondern stellen sich ostentativ mitten in die erhitzte Integrationsdebatte des Landes. Es geht ihnen nicht nur um die private Anpassungsfähigkeit und Ausbildung ihrer Schüler, nein, sie tragen mit ihrer Arbeit einen gesellschaftlichen und politischen Kampf aus, der die Demokratie Israels auf den Prüfstand stellt.

Dies zu verstehen ist für die deutsche Situation – bei allen Unterschieden – extrem lehrreich. Es zeigt, dass Schulen bei der Integration von Einwanderern eine immense politische Rolle besitzen, die sie mit größerem Selbstbewusstsein in die Gesellschaft tragen müssen. Lehrer und Schulleiter kennen die Situation der Zuwandererkinder viel besser als Bildungspolitiker und Leitartikler – sie sollten mit ihren Schülern in der Öffentlichkeit Flagge zeigen und sich mit ihren Erfahrungen und Forderungen in den gesellschaftlichen Diskurs einbringen. Natürlich wird diese Flagge in Deutschland nicht so ungebrochen die Nationalfarben tragen, wie dies in Israel der Fall ist. Aber die Vermittlung eines Heimatgefühls, das über den rationalen Verfassungspatriotismus hinausgeht, ist – das zeigt die Bialik-Rogozin-Schule – nicht gleichbedeutend mit einem rechtsgerichteten Nationalismus. Die emotionale Identifikation mit dem Land kann auch emotionale Erziehung zur Gegenwehr bedeuten: gegen diejenigen, die eine freie Gesellschaft von innen mit Rechtspopulismus, Fremdenfeindlichkeit und Redeverboten angreifen.

Kurz: Die Bialik-Rogozin-Schule ist mehr als eine Integrationsschule, sie ist eine politische Kraft, ein gesellschaftliches Symbol. Ihr Mikrokosmos ist ein Gegenentwurf gegen alle Gesellschaften, in denen sich ein »nationales Denken« gegen die Aufnahme zuwandernder Mitmenschen richtet. Wenn sie sich ihrer Schüler mit ganzer Kraft annimmt und deren Leistungen zur Schau stellt, ist dies ein Kampf für die freie Gesellschaft, also für ein demokratisches Staatswesen, das die wahren Lehren aus den diktatorischen Verbrechen der Vergangenheit gezogen hat, und dazu gehört, dass eine freie Gesellschaft zu ihrer Verteidigung eine Armee genauso benötigt wie Bildung und Vermittlung der Menschenrechte.

## 4

In Deutschland, wo die nationalkonservative Rechte seit der »Flüchtlingskrise« enormen Zulauf hat und den Begriff des »Völkischen« wieder salonfähig machen will[6], muss man die Bialik-Rogozin-Schule nicht nur als Vorbild für Bildungsarbeit heranziehen, sondern auch für politische Bewusstseinsbildung. Von ihrem Vorbild lässt sich auch eine fundamentale Forderung an alle westlichen Gesellschaften ableiten.

Sie lautet: Wenn Zuwandererkinder von Schulen an das neue Heimatland herangeführt werden, müssen sie anschließend auch von der Gesellschaft aufgenommen werden. Es ist unmenschlich für sie selbst und spricht der Arbeit engagierter Lehrer Hohn, wenn sie auf der einen Seite mit den Landeswerten erzogen werden und auf der anderen Seite keine Aufenthalts- oder Arbeitserlaubnis erhalten. Die Gründe, warum der eine bleiben darf oder die andere nicht, mögen nicht immer gerecht sein, aber wer in einem Land erwachsen wird, den kann die Politik nicht in einem unwürdigen Vakuum der Rechtslosigkeit dahinvegetieren lassen: sozialpsychologisch integriert, formal nicht akzeptiert.

Ebenso zynisch ist es, Menschen ins Land zu holen und sie jahrelang als billige Arbeitskräfte für Jobs zu benutzen, für die die Mehrheitsgesellschaft sich zu gut ist, und sie, wenn sie hier Familien gründen, als Menschen zweiter Klasse zu behandeln. Der Identitätskonflikt, der sich daraus ergibt, kann junge Menschen zerreißen, im schlimmsten Fall sogar zu ihrer Radikalisierung beitragen. Eine Gesellschaft muss zu denen, die hier sind, ganz Ja sagen, sie nicht nur mit vorübergehenden Aufenthaltstiteln dulden, sondern sie als neue Staatsbürger willkommen heißen. Sonst ist die beste Integrationsarbeit, die Schulen leisten, umsonst.

Erinnern wir uns noch einmal an den jungen Mann aus dem ersten Kapitel. Erinnern wir uns an Berhe Gonetse, der als Kind vor dem Bürgerkrieg in Eritrea floh, von Beduinen gekidnappt wurde, gegen ein Lösegeld freikam und an der Bialik-Rogozin-Schule endlich ein Zuhause fand.

Berhe Gonetse ist bei der Gedenkfeier für die gefallenen Soldaten nicht anwesend. Obwohl er ebenfalls gern in die israelische Armee gehen würde, ist er der Schüler, der bei der abendlichen Zeremonie an der Schule fehlt. Zwar ist er mittlerweile auch vollkommen israelisch sozialisiert, hat aber nach wie vor nur kurzfristige Aufenthaltsgenehmigungen, mit denen er sich von Monat zu Monat schleppt. Er ist einer der »Eindringlinge«, denen Armeefreiwillige mittlerweile nicht mehr helfen dürfen, ein »Paria« in den Augen der Ultrarechten, eine »Krebs«-Metastase in der Diktion von Kulturministerin Miri Regev.

Damals, beim Gespräch über seinen Lebensweg, schleicht sich bei der Frage, ob er sich als Israeli fühle, ein scheues Lächeln in sein Gesicht. Es ist ein vernarbtes Teenager-Lächeln, dessen Scharten ihm nicht von der Pubertät ins Gesicht geschlagen wurden, sondern von einem Schicksal, das zu tragen er auch weiterhin Mut benötigt.

»Ich kann nicht sagen, was meine Identität ist. Der Grund, warum ich zur Armee gehen wollte, hat auch nichts mit der Staatsbürgerschaft zu tun. Aber ich will zur Armee, weil ich wie jeder sein will, der die Schule besucht hat. Solange ich hier bin, bin ich ein Teil dieses Landes. Wenn es Krieg gibt, kann ich auch an seiner Verteidigung teilnehmen. Ich will nur so lange Asyl, bis in Eritrea Frieden und Sicherheit herrschen, dann gehe ich zurück. Ich fühle mich nirgendwo zu Hause, nicht mal in meinem Viertel. Ich sehe ja, wie die israelischen Nachbarn mich anblicken. Der einzige Ort, an dem ich mich zuhause fühlte, war diese Schule. Hier habe ich mich gleichwertig gefühlt.«

Und in zehn Jahren? Will er irgendwann heiraten, eine Familie gründen?

Er lacht noch einmal vorsichtig, schreckt zugleich zurück, der Gedanke ist ihm viel zu weit gedacht.

»Ich bin ja selbst noch ein Baby«, kommt seine Antwort leise, aber fest aus der Tiefe eines inneren Stollens: »Nein, ich will keine Kinder haben, bevor ich nicht zurück in Eritrea bin. Ich will keine Kinder in die Welt setzen, die sich so wie ich fühlen müssen. Nicht anerkannt und unerwünscht.«

Das also ist die Situation der Einwandererkinder, die in einem Land aufwachsen, sich mit seinen Werten identifizieren und von dem Land doch nicht aufgenommen werden. Dabei spielt es keine Rolle, ob dieses Land Israel oder Deutschland heißt – oder irgendeinen anderen Ländernamen aus der westlichen Welt trägt. In Hinblick auf die Aufnahme armer Zuwanderer unterscheiden sich die reichen Gesellschaften untereinander nicht.

Die abschließende Frage, die Berhes Worte aufwerfen, kann man ihm nicht stellen. Sie ist schmerzlich und lautlos, die Antwort kennt ohnehin nur die Zukunft. Wird er eines Tages in seine alte Heimat zurückkehren, dort wieder erwünscht sein? Wird er je wieder einen Ort finden, an dem er ein echtes Zuhause hat, ein Zuhause, das sich anfühlt wie die Bialik-Rogozin-Schule? Oder wird sein Schicksal das Schicksal so vieler Flüchtlinge, Vertriebener, Migranten sein, die weder dort, von wo sie kommen, eine Heimat haben – noch da, wo sie gestrandet sind?

**5**

Michelle Mombi hat diesen Ort gefunden. Mit den Bob-Marley-Dreadlocks, die über ihre Schultern fallen, wirkt ihr Uniformhemd eher wie ein Szeneoutfit, das in das Ausgehviertel Florentin passt. Sie fühlt sich hier zuhause.

»Ich war ein paarmal in Kenia – da dachte ich: Was mache ich hier? Es war echt komisch. Ich hatte nicht das Gefühl, dorthin zu gehören, denn mein Platz ist hier, hier bin ich aufgewachsen. Meine Freunde geben mir das Gefühl, zu ihnen zu gehören.«

Michelle Mombi lebt nur einen Steinwurf von der Schule entfernt in der Ha'Aliya Straße. Sie kann die Schulglocke von zuhause aus läuten hören. Bei ihr zeigt sich, dass viele Tel Aviver den Zuwanderern genauso offen gegenüberstehen wie die Lehrer der Bialik-Rogozin-Schule. Die herzliche, aufgeschlossene Atmosphäre, die man als Reisender ununterbrochen in Tel Aviv erlebt, gilt auch in ihrem Wohnblock.

»Es ist sehr gemischt, es wohnen viele jüdische Israelis da. Die Wohnung ist groß genug für vier: meine

Mutter, ihr Freund, meine kleine Schwester – ich habe ein eigenes Zimmer. Meine beste Freundin, die mit mir auf die Schule geht, wohnt direkt unter mir. Wir haben echt Spaß. Wenn wir ausgehen, können wir lange zusammen fortbleiben und kommen dann nicht alleine nach Hause.«

Michelle Mombi hat den Sprung von dem Zuhause, das ihr die Schule gab, in die Heimat, die Israel für sie ist, geschafft. Sie fühlt sich stark genug für das Leben, das vor ihr liegt.

»Es ist eher eine mentale Stärke, die man braucht. Das Mentale ist wichtiger als alles andere. Ich werde zur Armee gehen. Ich werde erst ein Jahr lang Sozialdienst machen und in Haifa leben. Und dann gehe ich zur Armee. Ich will Kommissarin bei der Militärpolizei werden. Wenn ich die Armee absolviert habe, kriegt auch mein Vater die Staatsbürgerschaft. Ich kann sie ihm dann weitergeben.«

Der Tag nach dem Memorial Day ist gekommen. Das blauweiße Fahnenmeer auf dem Schulhof hat sich über Nacht von einer Gedenk- in eine Freudenbeflaggung verwandelt. Wie jedes Jahr folgt unmittelbar auf den feierlich-ernsten Soldatengedenktag der überschäumend-fröhliche Unabhängigkeitstag, an dem die Gründung Israels 1948 gefeiert wird. Am Abend verwandelt sich die Stadt in einen riesigen Jahrmarkt. Menschenmassen ziehen die Straßen zum zentralen Rabin-Platz hinab, fliegende Händler verkaufen Kinderspielzeug, Scherzartikel, Leuchtaccessoires. Auf einer Showbühne, die quer vor dem Tel Aviver Rathaus aufgebaut ist, führt ein überdrehter Moderator zum Flackern der Lichtorgel durch ein Popkonzert. Im Publikum hauen sich die Kinder mit riesigen Aufblashämmern, die den Davidstern tragen, gegenseitig auf die Köpfe oder beschießen ihre

Eltern mit Weltraumwaffen, die leuchtenden Schaum ausspucken.

Die vielen Zuwanderer, die sich unter den Feiernden befinden, machen es nicht anders. Auch sie laufen mit aufblasbaren Davidsternen durch die Menge und machen Selfies mit blauweißen Hasenohren. Genauso ernst wie die Schüler und Eltern am Vorabend der toten Soldaten gedacht haben, genauso ausgelassen feiern nun die Einwandererfamilien aus Asien und Afrika die Staatsgründung. Wenn schließlich alle zum riesigen Feuerwerk aufschauen, das den Nachthimmel von Tel Aviv erhellt, kann man in den buntflackernden Gesichtern sehen, dass auch der jüdische Staat längst eine Multikulti-Gesellschaft ist.

Es ist Zeit zu gehen. Dreihundert Meter entfernt, umrahmt von Autokolonnen, befindet sich an der Ibn Gabirol Straße ein schöner Platz, um in der milden Nachtluft noch etwas zu essen. Das asiatische Restaurant, das sich an der belebten Kreuzung befindet, ist eine echte Entdeckung. Hinter der Theke von »Shi Shi« kann man den asiatischen Angestellten zuschauen, wie sie große Reisrollen zubereiten. Einer von ihnen – ist es möglich? – sieht sehr vertraut aus. Tatsächlich, es ist – was für ein unglaublicher Zufall – niemand anderer als Rabbi Cruz, der Junge mit dem Posterboylachen.

Er kommt zur Theke, nimmt lächelnd die Bestellung auf und stellt einem die junge Frau vor, die an seiner Seite arbeitet, seine Cousine.

Rabbi Cruz wird seinen Weg gehen. Auch wenn man innerlich hofft, dass er es sich noch einmal überlegt und in der Armee zu einer anderen Einheit geht, nicht zur kämpfenden Truppe, muss man sich um ihn keine Sorgen machen.

»Ich wohne noch bei meinen Eltern. Ich kann hier sehr gut leben. All meine Freunde wohnen hier. Wenn ich erwachsen bin, nach der Armee, möchte ich am liebsten Mixed Martial Arts Boxer werden. Ich mache Taekwando, nicht um die Leute anzugreifen, sondern zur Verteidigung. Es ist ein guter Sport. An der Levinsky-Straße ist es sehr gefährlich. Es gibt Betrunkene und Obdachlose, die Geld wollen. Ich will meine Familie und meine Freunde beschützen. Und meine Freundin.«

Die Reis-Gemüse-Rolle, die er zubereitet hat, schmeckt fantastisch. Man kann Rabbi Cruz – wie allen Menschen in Israel und Palästina – nur eines wünschen: dass der Frieden weiter hält und dass es irgendwann doch zu einer dauerhaften Lösung für das Miteinanderleben der Völker kommt.

# SCHLUSS

## Zwölf Thesen, wie junge Zuwanderer in Deutschland besser integriert werden

### 1

Es beginnt mit einem Schock. Ron Shimoni, der Assistent von Eli Nechama, steht mit seiner Empfangsdelegation in der Ankunftshalle des Ben-Gurion-Flughafens und blickt auf die elektrische Schiebetür, durch die die Gäste aus Essen kommen sollen. »Wilkommen«(!) steht in bunten Kinderbuchstaben auf einem Schild, und auf einem anderen: »We are glad 2 see you in Bialik«. Doch zwei der UNESCO-Schüler, die eine Woche lang ihre Partnerschule in Tel Aviv besuchen wollen, sind vom israelischen Sicherheitspersonal festgehalten worden, um befragt zu werden. Wird sich das Drama, das Phyllis Miah bei der Polenreise erlebt hat, wiederholen? Werden die beiden UNESCO-Schüler, weil irgendwelche Dokumente fehlen, auf den letzten Metern zurückgewiesen?

Alex Rimbaris, der junge Mann mit griechisch-indischer Abstammung, hat die Grenzkontrolle bereits passiert, ebenso Manuel Muflizović, der halb bosnische, halb deutsch-polnisch-mongolische Wurzeln hat, außerdem der chinesischstämmige Steven Lieu und die türkischstämmige Rumeysa Koc. Ihre gute Freundin Esra Nur Çetin jedoch, die immer ein Kopftuch trägt, wird von den Grenzbeamten intensiv verhört. Es dauert über eine halbe Stunde, bis sie endlich durch die Schiebetür tritt und ermattet berichtet, dass ihr immer wieder dieselben »komischen Fragen« gestellt worden seien: ob sie Verwandte in Gaza habe oder arabische Israelis kenne. Sie hat die Frageprozedur mit Gleichmut hingenommen, aber es ist ihr anzumerken, dass sie sich die Ankunft in Tel Aviv anders gewünscht hätte.

Und der letzte Schüler der Gruppe? Was ist mit ihm?

Endlich, nach einer ganzen Stunde zermürbenden Wartens, kommt er mit einem erleichterten Strahlen durch die Absperrung: ein junger, schwarzer Mann, der mit dem Kopfhörer um den Hals so aussieht, als wäre er als House-DJ für einen Gig in die Partymetropole Tel Aviv gejettet. Tatsächlich, ein Traum ist wahrgeworden: Johnson Blay, der staatenlose Flüchtlingsjunge aus Liberia, steht in Israel und hält, unglaublich, den ersten echten Pass in seinem Leben in der Hand! Auch wenn er nur für ein Jahr gilt, kann er sich wie ein deutscher Bürger auf Zeit fühlen:

»Ich bin sehr, sehr happy, dass ich endlich reisen darf! Ich weiß, wie viele Leute an mich geglaubt und mich unterstützt haben. Das ist ein gutes Gefühl.«

Wochenlang haben Klaus Kirstein, Silvia Lichtenstein und die anderen UNESCO-Lehrer in den Sommerferien alle Hebel in Bewegung gesetzt, um für ihn eine Reiseerlaubnis zu bekommen. Doch bei der Einreise in Israel begann die Zitterpartie von vorn. Genau wie bei Phyllis Miah stellte sich am Flughafen heraus, dass Johnson Blay zu seinem Pass noch ein zusätzliches Visum benötigt. Ein Glück, dass Klaus Kirstein ein Schreiben der Tel Aviver Stadtverwaltung vorzeigen kann. Der Lehrer muss nach endloser Diskussion nicht nur die Visa-Gebühren bezahlen, sondern auch persönlich für den Schüler bürgen.

Am Tag danach ist Johnson Blay sein Glück noch immer auf Schritt und Tritt anzusehen. Pausenlos macht er Fotos mit seinem iPad, als wolle er sich ununterbrochen kneifen, dass das, was er erlebt, real ist. Bei einem Willkommenstreffen lernen die UNESCO-Schüler ihre

»Zwillingsschüler« von der Bialik-Rogozin-Schule kennen, erkunden das alte, arabisch geprägte Jaffa, besuchen verschiedene Unterrichtsstunden, nehmen am Kunstunterricht teil, bemalen sich unter Anleitung des israelischen Kunstlehrers Adam Gilboa ihre Gesichter. Die Schüler gehen sofort aufeinander zu, es gibt nicht die geringsten Berührungsängste. Auch die Atmosphäre auf dem Schulcampus, das große Theater der Menschlichkeit, das Eli Nechama kreiert hat, kommt bei den deutschen Schülern an:

»Die Schule ist auf alle Fälle schöner als unsere, von der Dekoration, von den Bildern, den Flaggen her«, findet Alex Rimbaris. »Die haben auch Graffiti und Street Art auf dem Schulhof, was cool aussieht.«

*Esra Nur Çetin, Rumeysa Koc, Manuel Muflizović (obere Reihe), Steven Lieu, Johnson Blay und Alex Rimbaris an der Bialik-Rogozin-Schule*

»Unsere Schule wirkt normaler«, bestätigt Manuel Muflizović. »Und bei uns sind alle immer am Handy. Ich habe hier niemandem mit seinem Handy rumlaufen sehen. Wir sind durch die Medien stark amerikanisiert, hier sind viel mehr die originalen Wurzeln zu sehen.«

»Die Menschen hier erinnern mich mehr an türkische als an deutsche Leute«, lacht Esra Nur Çetin. »Die haben eher eine Mittelmeermentalität.«

Johnson Blay ist sich sicher, dass es der vielfältige Mitmachcharakter der Schule ist, der die Schüler so aufeinander zugehen lässt:

»Die Leute sind ganz anders als bei uns in Deutschland. Die sind offener«, sagt er begeistert. »Die haben zum Beispiel nach der Schule Tanzkurse, spielen Basketball, gehen schwimmen. In Deutschland konzentrieren wir uns hauptsächlich auf das, was in den Büchern steht. Hier geht es um den Menschen. Die Zusammengehörigkeit ist ganz stark. Ich habe mit Schülern diskutiert. Sie sind einfach eng miteinander, wissen alles übereinander.«

Dann versammelt sich die ganze Schule im Innenhof, der nun einem vollbesetzten antiken Theater gleicht. Ein weiterer Gedenktag wird begangen: zum Andenken an den früheren Ministerpräsidenten Yitzchak Rabin, der 1995 von einem jüdischen Fundamentalisten ermordet wurde. Nachdem die Bialik-Rogozin-Schüler erneut ihren bewegenden Gesang angestimmt haben, sprechen Eli Nechama und sein Ehrengast, der Schweizer Botschafter, vor dem versammelten Rund. Dann schlägt die Stunde von Johnson Blay und Manuel Muflizović. Sie treten stellvertretend für die UNESCO-Schüler ans Mikrofon und halten eine Rede. Während der eine »Toleranz und Vielseitigkeit« beschwört, »egal ob es um Rasse, Religion oder Sexualität geht«, schlägt der andere noch einmal die Brücke zwischen den beiden Schulen und wirkt dabei ein wenig wie der Martin Luther King der Einwandererschüler: »All die Probleme von Diskriminierung und Gewalt, die ihr erlebt habt, haben wir auch erlebt«, ruft er. »Ihr seid nicht allein. Zusammen können wir Frieden schaffen.«

Es gibt donnernden Applaus.

*Johnson Blay und Manuel Muflizović halten Reden.*

**Zwölf Thesen**

Die Bialik-Rogozin-Schule ist ein leuchtendes Beispiel, wie heiter, menschlich und zugleich erzieherisch konsequent die Ausbildung von Einwandererkindern geschehen kann. Auch sie kann nicht alle Härtefälle meistern, auch sie hat mit Widrigkeiten zu kämpfen. Aber gemessen am Menschenmöglichen leistet sie eine so unglaublich gute Arbeit, dass alle Schulen von ihrem Vorbild immens viel lernen können. Aus den Ähnlichkeiten und Unterschieden, die sich in den Geschichten aus beiden Ländern gezeigt haben, lassen sich einige ganz klare Schlüsse ziehen, worauf es in Deutschland bei der Integration von Einwandererkindern ankommt. Die nachfolgenden zwölf Thesen werden im Anschluss noch genauer erläutert.

1. Eine Schule für Einwandererkinder muss mehr als eine Schule sein: ein echtes Zuhause in der Fremde.
2. Jedes Kind besitzt eine individuelle Exzellenz, deren Förderung genauso wichtig ist wie der Schulabschluss.
3. Kulturelle und musische Unterrichtselemente wie Tanz, Show, Musik – aber auch Sport – helfen bei der Integration mehr als klassischer Unterricht.
4. Die Schule muss den Kindern klare Regeln vermitteln, die die Grundwerte und Verhaltensstandards der deutschen Gesellschaft widerspiegeln.
5. Alle Schüler müssen in fortgeschrittenem Alter eine Holocaust-Gedenkstätte besuchen.
6. Die Lehrer müssen Einwandererkindern eine stärkere *emotionale* Identifikation mit Deutschland ermöglichen.
7. Auch die Eltern sollen an den Schulen Sprach- und Wertebildungsangebote erhalten.
8. Die Lehrer sollen den Kindern die kulturellen Wurzeln ihrer Herkunftsländer vermitteln und selbst Grundkenntnisse ihrer Sprachen erwerben.
9. Ehrenamtliche Helfer und private Geldgeber müssen viel stärker in die Arbeit der Schulen mit einbezogen werden.
10. Die Heterogenität der Schülerklientel, die von Seiten der Politik garantiert werden muss, ist das A und O für Integrationsarbeit.
11. Schulen sollen sich mit den Leistungen ihrer Einwandererkinder viel selbstbewusster in der Öffentlichkeit zeigen.

12. Hinter allem steht das Prinzip: »Sei ein Mensch. Ein Mensch zu sein ist wichtiger als Mathematik.« (Eli Nechama)

Erscheinen manche dieser Thesen als bloßes Wunschdenken? Provozieren andere zum Widerspruch? Es wäre im Sinne dieses Buches, dass diese Thesen diskutiert werden – von Lehrern, Schülern, Eltern und Politikern. Für diese Diskussion ist auf der Internetseite zu diesem Buch ein interaktiver Blog eingerichtet, an dem sich alle beteiligen können. Die Adresse lautet: www.ein-zuhause-in-der-fremde.de.

Doch erläutern wir noch einmal, wie die zwölf Thesen zu verstehen sind und von welchen Geschichten in diesem Buch sie sich ableiten.

### 1. »Eine Schule für Einwandererkinder muss mehr als eine Schule sein: ein echtes Zuhause in der Fremde.«

Viele der Kinder, die aus Gastarbeiterfamilien stammen oder einen Fluchthintergrund haben, können von den Eltern keinen Rückhalt erwarten, wie Eli Nechama es im armen Süd-Tel Aviv erlebt. Oft haben sie nur ein Elternteil oder wachsen gar allein in einem Heim auf. Auch in Deutschland müssen die Eltern ihr Geld oft mit schlecht bezahlten und wenig angesehenen Jobs verdienen – ob als Reinigungskraft oder Hilfsarbeiter –, bei denen sie früh aus dem Haus gehen oder spät nach Hause kommen. Ganz abgesehen davon, dass sie oft nicht über gute Bildungs- und Sprachkompetenzen verfügen.

Außerhalb der Unterrichtszeiten sind die Kinder also vielfach auf sich allein gestellt, was bedeutet, dass sie sich andere soziale Strukturen suchen müssen, in denen sie Halt finden. Der Lockruf von kriminellen Netzwerken oder fundamentalistischen Islamvereinen, die Parallelwelten zur demokratischen Gesellschaft darstellen – um zwei Beispiele zu nennen –, verliert erheblich an Attraktivität, wenn eine Schule auch über die Unterrichtszeit hinaus eine Anlaufstelle darstellt und sich nicht nur als Vermittler von Wissen versteht, sondern als ein Zuhause, das den ganzen Menschen wahrnimmt und ihm bei allen Fragen mit Rat und Tat zur Seite steht. Bei der Bialik-Rogozin-Schule ist dies nicht nur durch Mahlzeiten und Nachmittagsbetreuung gegeben, sondern auch durch psychologische Betreuung und eine garantierte Krankenversicherung. Bei ihr kann man auch sehen, wie eine Ganztagsschule pädagogisch sinnvoll zwischen Arbeits- und Ruhephasen abwechselt. Die Schüler können sich bis abends an der Schule aufhalten und sich in Notfällen sogar telefonisch bei den Lehrern melden. Auch an der Essener UNESCO-Schule betonen manche Schüler, dass die Schule ihr Zuhause ist und sie ihre Lehrer als zweite Eltern empfinden.

### 2. »Jedes Kind besitzt eine individuelle Exzellenz, deren Förderung genauso wichtig ist wie der Schulabschluss.«

Eli Nechama möchte, dass jedes Kind einen Schulabschluss erlangt, der es zum Erlernen eines sinnvollen Berufs befähigt. Er möchte, dass die Kinder ein echter Teil der Gesellschaft werden und verantwortungsvoll eine eigene Familie gründen können. Aber das Erlernen des reinen Fächerwissens und das Bestehen der entsprechenden Prüfungen reichen in seinen Augen nicht aus. Gerade Kinder, die sich in der Fremde befinden, können ihre Neigungen und Interessen oft nicht richtig zum

Ausdruck bringen. Es ist an den Lehrern, in einem Kind das zu entdecken, was es besonders macht und worin seine verborgene Begabung besteht.

Wie wichtig hierbei die Schaffung eines guten Schul- und Klassenklimas ist, das auf gelingenden Beziehungen zwischen den Schülern und Lehrkräften basiert, hat Eli Nechama am eigenen Leib erfahren. Als seine Klassenlehrerin ihn nicht richtig wahrnahm, ja, ihn sogar vor der Klasse bloßstellte, tat er sich schwer, sein eigentliches Talent, seine schauspielerische und pädagogische Begabung wertzuschätzen. Das Ignorieren des »inneren Menschen«, zumal wenn es mit Bloßstellung einhergeht, schürt Rachegedanken, die in die falsche Richtung gelenkt werden können. Wenn Kinder aber in ihrer eigenen Exzellenz gefördert werden, können sie eine wertvolle aktive Rolle in der Gesellschaft übernehmen.

### 3. »Kulturelle und musische Unterrichtselemente wie Tanz, Show, Musik – aber auch Sport – helfen bei der Integration mehr als klassischer Unterricht.«

Gerade wenn es darum geht, die individuelle Exzellenz von Kindern zu erkunden, die sich in einem fremden Land noch gehemmt fühlen, beeinflussen spielerische, künstlerische und sportliche Elemente die Integration enorm. Einwandererkinder können hier eine Selbstbestätigung erfahren, die ihnen beim Stoffunterricht, der auf Schulnoten ausgerichtet ist, vorenthalten bleibt. Klassischer Unterricht fördert oftmals die Konkurrenz zwischen den Schülern. Als Theatermann, der schon vor seiner Zeit als Pädagoge die große Kraft von sozialen Theaterprojekten erfahren hat, setzt Eli Nechama dagegen generell auf Gemeinschaftserlebnisse, die seine

Schule zu einem großen Mitspielheater machen. Tänze aus unterschiedlichen Kulturen bauen Vorurteile ab und stärken ein Zusammengehörigkeitsgefühl; ähnlich ist es bei Sportveranstaltungen oder bei der Gestaltung eines Schulgartens. Annette Uttendorfer will deshalb gerade in Vorbereitungsklassen der UNESCO-Schule, die sich an Schüler wenden, die die neue Heimatsprache noch nicht richtig beherrschen, mehr solcher Elemente einbeziehen.

4. »Die Schule muss den Kindern klare Regeln vermitteln, die die Grundwerte und Verhaltensstandards der deutschen Gesellschaft widerspiegeln.«

Auch wenn die Schüler die kulturellen Wurzeln ihrer eigenen Herkunftsländer pflegen sollen – sie müssen die Werte und Spielregeln des neuen Heimatlandes erlernen, verstehen und respektieren. Hierbei ist nicht nur die Wertebildung von elementarer Bedeutung, sondern auch eine dezidierte Vermittlung von Stolz auf die Grundwerte und Rechte – auch der Frauen- und Kinderrechte – der westlichen Gesellschaften, welche als wichtige zivilgesellschaftliche Errungenschaften zu verteidigen sind. Sowohl an der Bialik-Rogozin- wie an der UNESCO-Schule wird darauf mit anwendungsbezogener Konsequenz geachtet. Man kann das »Leitkultur« nennen – wenn damit schlicht und einfach die Grundwerte gemeint sind, die in westlichen Demokratien – in Deutschland wie in Israel – durch die UN-Menschenrechte vorgegeben sind. Wo diese im Widerstreit zu den tradierten Werten stehen, die die Einwanderer aus ihren weniger demokratischen oder gar patriarchalischen Gesellschaften mitbringen, muss dies diskursiv mit solch großer Direktheit angegangen werden, wie dies Klaus Kirstein und Silvia Lichtenstein in ihrem Geschichts-, Religions- und Philosophieunterricht tun. Nicht zuletzt liegt dies, ließe sich mit Eli Nechama sagen, im Interesse der Schüler selbst: Nur wenn sie die Standards des neuen Heimatlandes respektieren und beherrschen, werden sie selbst hier akzeptiert werden und können einen erfolgreichen Weg gehen.

### 5. »Alle Schüler müssen in fortgeschrittenem Alter eine Holocaust-Gedenkstätte besuchen.«

Der Präsident des Zentralrats der Juden in Deutschland, Josef Schuster, hat recht: Jeder deutsche Schüler muss in seiner Schulzeit einmal eine historische Gedenkstätte des Holocausts besuchen. Dies gilt auch für Schüler aus Ländern, die historisch und kulturell nichts mit der Shoa zu tun haben. Das persönliche Erleben der historischen Orte, das machen die Berichte der Zuwandererschüler klar, verändert das Verständnis der Verbrechen. Dabei muss natürlich darauf geachtet werden, dass Traumata, die die Kinder infolge von selbst erlebter Vertreibung, von Krieg und Mord mitbringen, nicht wieder aufbrechen. Gerade diese traumatisierten Schüler müssen Deutschland als sicheres Land erleben. Doch der Holocaust gehört zur Geschichte des deutschen Volkes, mit dem die Einwandererkinder leben wollen. Nur wer diese Geschichte durchdrungen hat, kann Deutschland verstehen, seine Verfassung, seine Werte, seine Mentalität, auch sein Engagement und seine Zerrissenheit in der Flüchtlingspolitik.

Dieses Verstehen und Sich-Einfühlen in das Land heißt aber nicht, dass sich Einwandererkinder den deutschen Schuldkomplex zu eigen machen sollen, der lange unweigerlich zum deutschen Identitätsgefühl gehörte. Wie es Mohamad Loai und Rumeysa Koc von der Essener UNESCO-Schule formulieren, ist der Holocaust zwar ein Stück deutscher Geschichte, stellt aber mittlerweile vor allem eine universelle Mahnung dar, die sich an alle Menschen und Völker richtet. Schüler, die nach Deutschland zuwandern, haben diese Lektion zu lernen, ohne sich deswegen einen ›Schuld-und-Sühne-Schuh‹ anziehen zu müssen. Dasselbe gilt für die Enkel oder Urenkel der einstigen Täter. Wer heute als Deutscher nach Israel fährt, wird erleben, dass die Erinnerung an den Holocaust Israelis und Deutsche inzwischen viel stärker verbindet als trennt. Wie sich beim Schüleraustausch von Bialik-Rogozin- und UNESCO-Schule zeigt, ist die Situation in beiden Ländern auch in der Flüchtlingsfrage sehr ähnlich. Wenn die beiden Einwandererschulen ihre großen integrativen Erfolge im Rahmen ihrer Schulpartnerschaft feiern, könnte dabei der Slogan als Motto dienen: »Wir vergessen nicht, wir gehen tanzen«[1].

### 6. »Die Lehrer müssen Einwandererkindern eine stärkere *emotionale* Identifikation mit Deutschland ermöglichen.«

Natürlich unterscheiden sich Israel und Deutschland in einem Punkt fundamental: in Hinblick auf die Themen Nation und Patriotismus. Während die Deutschen aufgrund der Geschichte des Drittens Reichs ein höchst gebrochenes Verhältnis zu »Nationalstolz«, »Militär« oder gar »Heimatliebe« haben, spielen nationale Symbole und Feiertage im israelischen Leben eine selbstverständliche Rolle. Das gilt auch für den Armeedienst.

So erstaunlich oder befremdlich es für einen deutschen Besucher sein mag, mit wie viel Patriotismus Einwandererkinder an der Bialik-Rogozin-Schule ›gesäugt‹ werden: Sie haben eine emotionale Identifikation mit ihrem neuen Heimatland, die Zuwanderern in Deutschland oft fehlt.

Das deutsche Identitätsgefühl ist viel diffuser und gebrochener. Dem »Stolz aufs Vaterland« haftet nach wie vor ein brauner Beigeschmack an. »Heimatliebe« bezieht sich eher auf regionale Spezialitäten wie Bayerische Weißwürste, das Lied »Warum ist es am Rhein so schön« oder das Ruhrderby zwischen Schalke 04 und Borussia Dortmund. In Punkto Nationalgefühl hält man sich an einen recht nüchternen Verfassungspatriotismus. Liegt es nicht auch daran, dass Einwanderer sich in Deutschland so schwertun, sich mit dem Land zu identifizieren? Welche emotionale Beziehung sollen sie zur Chiffre »Deutschland« aufbauen, wenn deren Bewohner ein so kühles Verhältnis zum Land haben? Fühlen sich viele Muslime nicht deshalb so leidenschaftlich mit dem Islam verbunden, weil diese Verbindung ihnen auf viel emotionalere Weise eine Identität stiftet?

Eli Nechama, dessen Schule Unterricht in den Herkunftssprachen der Schüler anbietet, ist frei vom Verdacht, dass er seine Schüler zu »nationalkonservativen Israelis« machen will. Er begeht an der Bialik-Rogozin-Schule die Feiertage aller Kulturen. Trotzdem spielen israelische Feiertage und nationale Symbole wie die israelische Flagge im Schulleben eine große Rolle. Wer zuschaut, wie seine Schüler einen großen Feiertag zelebrieren und gemeinsam das emotionale Ritual einer solchen Feier durchleben, zu der Gesang, Fahnen, Trauer und Glücksmomente gehören, gewinnt die Einsicht, dass Erfahrungsmomente dieser Art nicht nur den deutschen

Einwandererkindern helfen könnten, sondern auch der deutschen Gesellschaft bei deren Aufnahme.

Es geht nicht um einen Hurra-Patriotismus, sondern um ein emotionales Zuhause-Gefühl, das nicht nur eine Schule, eine regionale Spezialität oder einen Fußballklub betrifft, sondern das Land, dessen Grundwerte alle verinnerlichen sollen. Schüler mit Migrationshintergrund sollten erleben, dass sie einem Land angehören, welches Geschichten, Erfindungen, Musik und Kunstwerke von Weltruhm hervorgebracht hat, welche die Menschheit beglücken und bereichern. Fast immer, wenn Einwanderer von sich sagen, dass sie sich als Deutsche fühlen, betonen sie wie Dornaz Farajollah, dass sie bei Länderspielen mit der deutschen Nationalmannschaft fiebern. Die Fußballnationalmannschaft ist tatsächlich ein Paradebeispiel für einen emotionalen integrativen Patriotismus. Schulen sollten sich fragen, wie sie bei ihren Schülern ein ähnliches Fan-Gefühl für Deutschland entfachen können. Eines, das gleichsam den olympischen Geist verkörpert, also den Respekt vor allen Ländern dieser Welt, das sich aber zugleich mit Leidenschaft für das eigene, das deutsche Team stark macht.

Deutsche Lehrer sollten ihre Fantasie spielen lassen und sich fragen, was Eli Nechama mit Einwandererkindern an einer deutschen Schule inszenieren würde. Würde er den Tag der Deutschen Einheit mit Deutschpop von Andreas Bourani, Herbert Grönemeyer oder Sido feiern? Würde er eine Kegelmannschaft bilden und sie zu den internationalen Meisterschaften nach Frankreich schicken? Würde er deutsche Volkstänze und Schuhplatteln in das Repertoire der multikulturellen Tanzstunden aufnehmen?

7. »Auch die Eltern sollen an den Schulen Sprach- und Wertebildungsangebote erhalten.«

Eltern von Einwandererkindern möchten Lehrern nicht selten gern in den Unterricht hineinreden. Was Klaus Kirstein und Silvia Lichtenstein von der UNESCO-Schule berichten, ist ein Beleg dafür, dass sich Kinder nur schwer integrieren lassen, wenn ihre Eltern fundamentale Verständnisdefizite in Bezug auf das neue Heimatland haben. Eli Nechama hat in Tel Aviv obendrein die Erfahrung gemacht, dass die Eltern oft auch einfach überfordert mit der neuen Welt sind, nicht nur sprachlich. Deshalb ist seine Schule auch eine Anlaufstelle für sie, bietet er ihnen Hilfe an: durch Sprachunterricht und Gesellschaftskunde. Um die Attraktivität dieses Angebots zu erhöhen, lockt er sie mit ähnlichen musischen Mitteln, wie er sie auch bei den Kindern anbietet. Den Elternchor »The Mamas and the Papas« lässt er bei Schulevents auftreten, ob beim Karnevalsumzug an Purim oder am Gedenktag für die gefallenen Soldaten. So verschafft er auch den Eltern eine Bühne, auf der sie Selbstbestätigungserlebnisse machen können.

8. »Die Lehrer sollen den Kindern die kulturellen Wurzeln ihrer Herkunftsländer vermitteln und selbst Grundkenntnisse ihrer Sprachen erwerben.«

Was Eli Nechama aufgrund der Erfahrung mit den in den Südsudan abgeschobenen Kinder eingeführt hat, hat sich mittlerweile als eines der erstaunlichsten Erfolgsrezepte der Bialik-Rogozin-Schule erwiesen. Dadurch, dass er die Schüler auch ihre Muttersprachen lehrt (und zwar die neun am häufigsten vertretenen), stärkt er ihre

Identität. Natürlich ist hier zu differenzieren zwischen Schülern, die selbst Migranten sind, und solchen, die den Migrationshintergrund über ihre Eltern erhalten haben. Beide Gruppen verleugnen auf diese Weise nicht ihre Herkunft, verlieren nicht ihre Wurzeln, sondern können auf deren Basis den ›Mehrwert von Migration‹ erfahren, der ihnen auch mehr Selbstwertgefühl verleiht. Er selbst hat sich obendrein Sprachkenntnisse in einigen Sprachen angeeignet. Diese wirken – wie in jedem Urlaubsland, in dem man einige Sätze in der Landessprache sagen kann – immer wieder als Sesam-öffne-dich, gerade bei arabischen Kindern, zu denen er damit sofort spielerisch Gräben überwindet und Vorurteile überbrückt.

### 9. »Ehrenamtliche Helfer und private Geldgeber müssen viel stärker in die Arbeit der Schulen mit einbezogen werden.«

All die unglaublichen Angebote, die die Bialik-Rogozin-Schule seit ihrer Gründung entwickelt hat, wären ohne die Hilfe und das Engagement von ehrenamtlichen Helfern nicht möglich. Schon der Grundstein der neuen Schule konnte nur gelegt werden, indem die einstige Stadtplanerin Rina Zamir sich für die Schule einzusetzen begann und den erfolgreichen israelischen Geschäftsmann Yossi Vardi als Partner gewann, der sich schon länger für soziale Projekte engagierte. Das Kontaktnetzwerk der beiden bildete die Grundlage für den Erfolg der Schule, auch für ihr gesellschaftliches Bekanntwerden. Immer mehr Menschen begannen, sich ideell und finanziell für das Projekt zu begeistern, indem sie Zeit an der Schule verbrachten, ihre beruflichen Fähigkeiten den Schülern kostenlos zur Verfügung stellten oder unmittelbar Geld spendeten.

Ob Eltern-Unterricht, Nachmittagsbetreuung, Hilfe im Krankheitsfall oder Besuche von Philharmonikern in der Schule, nichts davon wäre mit dem normalen Budget der Kommune in diesem Ausmaß realisierbar. Angesichts der immensen Aufgaben, die durch die vielen Zuwanderer entstanden sind, sollten deutsche Schulen alle Hebel in Bewegung setzen, um auf gleiche Weise viele begeisterte private Helfer zu gewinnen. Wie man das macht? Ein entscheidendes Zugpferd dabei ist, wie es Bildungsdezernent Assaf Zamir formuliert: eine gute PR. Die Bialik-Rogozin-Schule hat es durch viele spektakuläre öffentliche Aktionen geschafft, auf sich aufmerksam zu machen. Eli Nechama führt fast täglich Besucher durch sein Integrationstheater und stellt sicher, dass diese dabei immer eine hervorragende Show geboten bekommen. Der Besucher verlässt die Schule mit einem Begeisterungsgefühl und möchte Teil dieses Kosmos werden.

An diesem Punkt ist es wichtig, eine Ansprechpartnerin und Koordinatorin für ehrenamtliche Helfer wie Sari Levy zu haben. Sie arbeitet selbst ehrenamtlich in der Schule und hat ihren eigenen Schreibtisch im Sekretariat. Wer helfen will, wird von ihr garantiert mit offenen Armen empfangen. All das sollten deutsche Schulen sich abschauen – und dabei auch ihren Schulämtern vermitteln, dass sie ihnen dafür ausreichend unbürokratischen Freiraum lassen müssen.

### 10. »Die Heterogenität der Schülerklientel, die von Seiten der Politik garantiert werden muss, ist das A und O für Integrationsarbeit.«

Keine Frage: Einer der Grundpfeiler, auf dem die großartige Integrationsarbeit in Tel Aviv beruht, ist das ebenso bunte wie ausgewogene Gemisch von Schülern aus vielen verschiedenen Ländern. Mit den Eriträern und Sudanesen auf der einen Seite und den Philippinos auf der anderen gibt es zwar auch hier zwei Majoritäten, die aber mit den anderen fast fünfzig Nationen ein gutes Gleichgewicht zwischen Religionen und Herkunftskulturen stiften. Diese Mischung, würde Sigrid Becker von der UNESCO-Schule bestätigen, ist die Basis jeder Integration, die gelingen soll.

Sigrid Becker hat die Veränderung, die durch die neuen Flüchtlingsbewegungen in ihren V-Klassen entstanden sind, in den letzten Jahren erlebt und warnt angesichts der Spannungen, die dabei entstehen können, vor solchen Schieflagen. Natürlich: leichter gesagt als getan angesichts der vielen syrischen Flüchtlinge. Dennoch muss die Politik darauf hingewiesen werden, dass sie die Rahmenbedingungen für eine Integrationsarbeit schaffen muss, die für Schulen zu bewältigen ist. Sowohl was die Verteilung von Flüchtlingen auf Bundesebene angeht, als auch was die kommunale Schulpolitik angeht, benötigen Schulen Hilfe. Gibt es hierfür ausreichende Verteilungsschlüssel, die die Heterogenität der Schüler gewährleisten?

## 11. »Schulen sollen sich mit den Leistungen ihrer Einwandererkinder viel selbstbewusster in der Öffentlichkeit zeigen.«

Bei jeder sich bietenden Gelegenheit bespielt Eli Nechama mit seiner Schule den öffentlichen Raum und macht die Gesellschaft auf die Kinder aufmerksam. Auch hier sprengt der Theatermann wieder den klassischen Schulbegriff und inszeniert im Karneval oder bei den Gedenkfeiern eine Art Straßen- oder Open-Air-Theater, bei dem Kinder und Eltern sich stolz der Mehrheitsgesellschaft präsentieren können. Dabei zeigt er im wahrsten Sinn des Wortes Flagge: Indem er die Schüler die israelische Fahne schwenken lässt oder im Nationaltrikot zu Wettkämpfen schickt, gibt er nicht nur den Schülern eine emotionale Bindung zum Land, sondern demonstriert den Integrationsgegnern, dass seine Kinder das Zeug zu »echten Israelis« haben. Dabei stellt er auch ihre Exzellenz auf jenen Gebieten heraus, in denen sie besondere Begabungen besitzen. Wenn Schulen bei ihrem öffentlichen Auftritt ihre individuelle Besonderheit zur Schau stellen, machen sie deutlich, womit sie und ihre Schüler die deutsche Gesellschaft bereichern können.

## 12. »Hinter allem steht das Prinzip: ›Sei ein Mensch. Ein Mensch zu sein ist wichtiger als Mathematik.‹« (Eli Nechama)

Das Menschenbild, auf dem die UNESCO-Schule aufbaut, ist dasselbe, das der Schulleiter von Bialik-Rogozin zuhause bei seinen Eltern vermittelt bekommen hat. Menschlichkeit ist das Wichtigste, was Lehrer jungen Menschen weiterzugeben haben. Flüchtlinge lehren uns, dass Bildung nicht nur Ausbildung für den Markt ist, sondern Menschen- und Herzensbildung. Das gilt für Zuwanderer genauso wie für Einheimische: Fachwissen und gute Noten sind wichtig, damit sie in der Gesellschaft eine Chance haben. Aber gute Bürger werden sie nur, wenn sie ganzheitlich als Menschen behandelt und zu Menschen erzogen werden.

*Soni Kammel und Alex Rimbaris*

Sieben Tage haben die UNESCO-Schüler und -Lehrer mit ihren Tel Aviver Zwillingsgeschwistern verbracht, eine ganze Woche, in der sie auch in Jerusalem die Klagemauer und die Grabeskirche besucht haben, in Yad Vashem mit Zeitzeugen des Holocaust gesprochen und mit ihren Gastgebern über israelische Politik diskutiert haben. Dabei sind Freundschaften entstanden, aber auch Unterschiede sichtbar geworden. Was Soni Kammel Alex Rimbaris erzählt hat: dass er vor neun Jahren mit seinem Vater über die ägyptische Grenze floh und seitdem seine Mutter und Geschwister nicht mehr gesehen hat, ist für den Deutschen kaum vorstellbar. Die israelischen Einwandererkinder leben in viel schwierigeren und prekären Lebensverhältnissen. Natürlich ist es auch dieses gesellschaftliche Umfeld, das das unglaubliche Gemeinschaftsgefühl auf der Bialik-Rogozin-Schule erzeugt, ja, notwendig macht. Es geht also nicht darum, Eli Nechamas Schulmodell blind zu kopieren. Sondern sich mit der kreativen Freude, die der Schulleiter an den Tag legt, zu fragen, was sich von seiner Schule der Menschlichkeit sinnvoll von Israel nach Deutschland übertragen lässt.

»Wir in Deutschland neigen dazu, Schüler vormittags zu unterrichten und akademisch auszubilden, aber um halb zwei ist Schluss«, sagt Silvia Lichtenstein. »Hier versucht man, die Schüler bis in den Abend zu begleiten. Diese Wärme und das Sich-Kümmern sind hier sehr ausgeprägt. Aber das ist auch eine Mentalitätssache. Wir sind deswegen in Deutschland nicht weniger leidenschaftlich bei der Sache.«

Rumeysa Koc sieht das aus Schülerperspektive ähnlich. »Wenn bei uns ein bisschen mehr auf den Menschen eingegangen würde, könnte das nicht schaden.« Aber dass sich das große Du-Gefühl bis auf die Lehrer ausdehnt, geht ihr zu weit: »Ein Lehrer ist für mich eine Respektsperson. Ich duze Respektspersonen einfach nicht.«

Dennoch erweist sich als entscheidendes Moment, das die Schulmodelle unterscheidet, die entgegengesetzte pädagogische Blickrichtung, die jenseits aller Mentalitäts- und Geschmacksfragen einen fundamentalen Unterschied ausmacht:

»Es wird weniger auf das geblickt, was ein Schüler *nicht* kann«, sagt Klaus Kirstein, »sondern viel stärker auf das, *was er kann,* um eben das zu stärken. Dinge wie: Was ist deine eigene kulturelle Identität? Was macht dich stark? Da herrscht bei uns in Deutschland eher die umgekehrte Blickrichtung vor, man fragt eher: Wo liegen mögliche Defizite und wie können wir daran arbeiten?«

Dies ist der Kern der Bialik-Rogozin-Philosophie: den Menschen im Schüler in den Blick zu nehmen, für ihn in jeder Hinsicht rund um die Uhr da zu sein und seine individuelle Stärke mit Einfallsreichtum und Emotionalität zu befördern.

Johnson Blay hat auf der Reise zweifelsohne eine neue Stärke von sich entdeckt. Beim Empfang im Rathaus, im 16. Stock über den Dächern der Stadt, erweist er sich erneut als exzellenter Redner, der für die universelle Sache aller Einwandererkinder eintritt:

»Ich glaube nicht, dass Diskriminierung und Ausgrenzung die richtige Antwort sind. Denn wenn man das Licht ausmacht, sind wir *alle* schwarz.«

Es gibt herzliches Gelächter im Saal.

Bis zum Gegenbesuch der israelischen Schüler, die im kommenden Jahr die UNESCO-Schule besuchen werden, hat er noch einen privaten Wunsch. Er will mit seinem vorläufigen Pass an Silvester zum ersten Mal in seinem Leben verreisen: nach Italien oder Frankreich.

Wird dies für ihn eines Tages zur Normalität werden? Wird er irgendwann, nach seiner langen Reise, die deutsche Staatsbürgerschaft erhalten?

*Steven Lieu, Johnson Blay, Riki Hasklovich, Klaus Kirstein, Silvia Lichtenstein und Zafra Dan*

# EIN GANZ PERSÖNLICHES DANKESWORT

Bei den diesjährigen Berliner Filmfestspielen interviewte ich für »titel thesen temperamente« Richard Gere. Der politisch engagierte Schauspieler und überzeugte Buddhist hatte am Vortag Angela Merkel im Kanzleramt besucht, um über die veränderte Weltlage zu sprechen. In seinem neuen Film, geschrieben vom israelischen Regisseur Oren Moverman, spielt er selbst einen Politiker, der mit seinem Bruder, einem Lehrer, in einen Konflikt wegen ihrer beiden Söhne gerät.

Als ich Richard Gere auf die vielen Flüchtlingskinder ansprach, die nach Deutschland und Europa gekommen sind, und von ihm wissen wollte, wie wichtig in seinen Augen die Bildungsarbeit von Schulen und Lehrern bei ihrer Integration ist, sagte er:

»Es gibt nichts Wichtigeres als Bildung und Gesundheitsversorgung. Das ist das Grundlegende. Mit Bildung und Gesundheitsversorgung können wir alles erreichen. Lehrer und Schulen bilden das Fundament. Aber wir müssen uns auch selbst bilden. Wir müssen das trügerische Vorurteil, die Ignoranz und Dummheit zerstören, dass wir voneinander verschieden sind. In jedem Moment müssen wir uns selbst im Blick haben, müssen in unseren Geist und in unser Herz schauen.«

Sein ganzheitlicher Blick, der nicht nur Schüler und Lehrer, sondern uns alle umschließt, war wie ein Resümee zu diesem Buch. Und bildete ein Echo zu den Sätzen, die mir ein Jahr zuvor die britische Schauspielerin Tilda Swinton an gleicher Stelle gesagt hatte, als ich ganz am Anfang des Buches stand. Damals hatten die Medien tagein tagaus von der »Flüchtlingswelle« berichtet, die Europa auf dem Land- oder Seeweg »heim-suche«:

»Wenn wir über ›die‹ Flüchtlinge sprechen, dürfen wir nicht vergessen, dass es sich nicht um eine Massenbewegung von Menschen handelt, die sagen: Lasst uns eine Million Freunde versammeln und Europa stürmen. Es sind Einzelmenschen, die unglaublich schwere Entscheidungen für sich und ihre Familien getroffen haben, als sie sich für diese unglaubliche Reise entschieden. Wir müssen auf sie als Einzelmenschen zugehen, denn wenn wir Menschen als Masse auffassen, dann handeln wir ebenfalls als Masse und nicht als Menschen. Wir müssen auf sie zugehen und sie als Einzelschicksale willkommen heißen, statt herumzusitzen und abzuwarten, was unsere Regierungen tun werden. Wir müssen sie von Angesicht zu Angesicht treffen und schauen, was wir tun können.«

Während ich an diesem Buch arbeitete, musste ich unentwegt an diese Worte denken. Die wichtige, aber sich immer wiederholende Berichterstattung über die Flüchtlingsschicksale stumpft uns alle auf erschreckende Weise ab, und das Leid, das sich hinter jeder individuellen Flucht verbirgt, droht aus dem Blick zu geraten.

Von daher war ich außerordentlich dankbar, als ich von der Bertelsmann Stiftung gefragt wurde, ob ich über die berühmte Bialik-Rogozin-»Flüchtlingsschule« in Tel Aviv ein Buch schreiben wolle. Ich bin in den Jahren zuvor sehr oft nach Israel gereist, habe mich mit dem deutsch-israelischen Verhältnis in der zweiten und dritten Generation beschäftigt und hatte von der außergewöhnlichen Schule gehört, aber sie noch nie betreten. Als ich dies im Frühjahr des vergangenen Jahres tat, ging es mir wie allen, die von den Kindern und dem Team um Eli Nechama in Süd-Tel Aviv empfangen werden: Ich war vom ersten Moment an überwältigt und von nun an noch neugieriger auf die Geschichten der Menschen. Es gibt ihn tatsächlich, diesen ganz besonderen Bialik-Rogozin-Pulsschlag, dessen Geheimnis man nicht von außen ergründen kann. Eines war von der ersten Sekunde an klar: Man kann dieser Schule – genau wie jedem einzelnen Flüchtlingsschicksal – nur dann nahekommen, wenn man den Erzählungen der einzelnen Menschen zuhört.

*Der Autor (2. v. r.) zwischen Schülern der Bialik-Rogozin- und der UNESCO-Schule*

Ich möchte mich daher bei allen, die bereit waren, ihre bewegenden, verstörenden, jedenfalls immer persönlichen Geschichten mit mir und den Lesern zu teilen, aus ganzem Herzen für das Vertrauen und die Offenheit bedanken. Dies gilt nicht nur für die Menschen an der Bialik-Rogozin-Schule, sondern auch für Schüler und Kollegium der UNESCO-Schule in Essen. Neben denjenigen, die in diesem Buch genannt sind, danke ich besonders auch allen anderen, die mir über sich und die Situation erzählt und auf diese Weise das Bild komplettiert haben. Es ist mir mehr als bewusst, dass es viele andere

Schicksale gegeben hätte, die dieselbe Aufmerksamkeit verdient hätten, und dass selbst die schmerzlichsten Geschichten, die man an diesen Schulen findet, immer noch zu den glücklicheren im weltweiten Universum der Migration zählen. Immerhin haben die Jugendlichen in diesem Buch an zwei der besten Schulen, die es für Zuwandererkinder gibt, ein Zuhause gefunden. Auch wenn das nicht immer bedeutet, dass sie von der übrigen Gesellschaft als Mitbürger akzeptiert werden: Im Verhältnis zum Schicksal Hunderttausender anderer, deren Reisen in menschenunwürdigen Flüchtlingslagern, vor Ausweisungsgerichten oder in einem furchtbaren Tod auf einer der Migrationsrouten enden, ist das ein riesiger Glücksfall.

Wie für viele der Lehrer und Ehrenamtlichen, die sich an den Schulen engagieren, hat die Beschäftigung mit dem Thema auch für mich einen ganz persönlichen Hintergrund. Die Hilflosigkeit gegenüber den aktuellen Ereignissen rührt bei mir wie bei vielen daher, dass ich einer Generation entstamme, die lange in der Illusion lebte, dass die Schrecken der Vergangenheit, an denen Deutschland so großen Anteil hat, wirklich der Vergangenheit angehören und sich in einer zivilisierten Weltordnung nicht wiederholen würden. Auch ich komme aus einer Familie, die in die deutsche Schuld verstrickt ist. Zwei entfernte Verwandte, die ich als Kind nur einmal sah, waren in der SS. Zugleich stamme ich aus einer Vertriebenenfamilie. Meine Mutter, ihre Eltern und Schwestern wurden nach dem Zweiten Weltkrieg aus dem Sudetenland ausgewiesen und haben erlebt, wie schwer es Zuwanderer in der Fremde sogar dann haben, wenn sie demselben Volk angehören.

Die Tatsache, dass dieses Unglück auf der Grundlage eines unendlich größeren Leids beruht, verursacht in mir eine Zerrissenheit, die mir sagt, dass die wenigsten Geschichten, die vor den Katastrophen der Weltgeschichte geschrieben werden, einfach sind. Gerade Fluchtgeschichten sind von höchster Verschlungenheit. Deshalb wird man dem Schicksal der Flüchtlinge nie mit Verallgemeinerungen gerecht, mit Zahlen und ethnischen Rastern, Religionsvorurteilen, Kategorisierungen in Asylbewerber, die aus politischen Gründen kommen, und Armutsflüchtlinge, denen es »nur« um ein menschenwürdiges Arbeitsleben geht. Man kann diesen Schicksalen nur gerecht werden, indem man auf jedes einzelne reagiert. Es gibt nur individuelle Schicksale und individuelle Lösungen. Das ist es, was mich an der Bialik-Rogozin-Schule und der UNESCO-Schule so tief berührt hat. Dass es Menschen gibt, die sich so intensiv auf die Schicksale einzelner Zuwanderer einlassen, dass sie zu ihren Paten, ja, »Ersatzeltern« werden.

Dieses Buch zu schreiben war für mich einerseits der Versuch, einen Zusammenhang zwischen der Gegenwart und der Vergangenheit herzustellen, und andererseits eine Antwort auf die Frage zu erhalten, was man als Einzelner selbst tun kann. Die Hilflosigkeit, die einen bei den Fernsehbildern befällt, weckt den Zynismus der Überforderung. Alle, die keine Migranten sind, sollten sich immer im Klaren sein, welch Glück es ist, eine echte Heimat zu besitzen.

Ich danke allen Schülern, Lehrern und Ehrenamtlichen der Bialik-Rogozin-Schule für ihre umwerfende Offenheit, Herzlichkeit und Hilfe: Eli Nechama, Yael Fisher Avitan, Sari Levy, Devora Schlesinger, Riki Hasklovich, Nava Levy Sandberg, Dor Shira, Yael Reichman, Elazar und Ofra Friedman, Rina Zamir, Assaf Zamir, Berhe Gonetse, Phyllis Miah, Rabbi Cruz, Keren Singh, Abbigail Singh, Michelle Mombi, Abdallah Salhia,

Jesus Gomez, Sohrove Djaniu, Soni Kammel, Joanna Rose Igunan, Odelia Kodjo, Keren Ruth Fain, Simran Shrestha, Samia Mohammad, Mohammed Ibrahim, Ibrahaim Madela, Ela Kipnis, Israa Zatunia, Zehava Yeis, Gonny Negamba, Samia Abdulgabar, Alon Bezalel, Zafra Dan, Adam Gilboa, Omri Gelber-Zur, Shai Barda, Omri Shai, Ron Shimoni, Ran Shchori, Angela Haimov, Adam Gilboa, Yaniv Shmil, Gish Amit, Ram Orion und allen anderen. Für weitere Hintergrundinformationen: Rotem Ilan, Tal Alon, Mati Shemoelof, Ori und Tomer Kerman, Maya Lahat, Amichai Shalev, Liat Elkayam, Sarah Blau.

Genauso herzlich danke ich den Schülern und dem Kolleg der UNESCO-Schule Essen: Annette Uttendorfer, Sigrid Becker, Dr. Klaus Kirstein, Silvia Lichtenstein, Ruth Spiegel, Stefan Isenberg, Alex Bosel, Alex Rimbaris, Jan Hendrik Blanke, Dornaz Farajollah, Erudita Maxhuni, Johnson Assiedo Blay, Megi Demçe, Valbona Demçe, Mohammed Loai Abdidul Majeid, Steven Lieu, Manuel Muflizović, Esra Nur Çetin, Rumeysa Koc, allen Schülern der 9 V, Volker Ullenboom, Frau Müller im Sekretariat. Für das pädagogische Lektorat: Prof. Margit Stein.

Ganz besonderer Dank gilt natürlich Liz Mohn, Stephan Vopel, Markus Gick und der gesamten Bertelsmann Stiftung, die nicht nur die Bialik-Rogozin-Schule seit langem unterstützt, sondern auch dieses Buch möglich gemacht hat. Für die großartige verlegerische Betreuung und das exzellente Lektorat danke ich Diedrich Steen, Ralf Markmeier und allen Kollegen vom Gütersloher Verlagshaus. Abschließend möchte ich mich vielmals bei Thomas Rathnow bedanken, ohne den es dieses Buch nicht gegeben hätte, und bei Birgit Leher, die mir die ganze Zeit bei der Arbeit zur Seite stand.

## ANMERKUNGEN

### Einleitung

1 In der Fachwissenschaft wird anstelle des weit verbreiteten Begriffs »Integration« vielfach der Begriff »Inklusion« verwendet, dessen Konzept auf den seit den 1970er vorangetriebenen Ansätzen zur Integration aufbaut und diese fortführt. Während die Integrationskonzeption unterschiedliche Personengruppen anhand von Bestimmungsgrenzen unterscheidet (etwa Einheimische/r versus Migrant/in), geht das Inklusionskonzept von einer zwar heterogenen, aber untrennbaren Gruppe aus, die sich anhand vieler Facetten auf einem Kontinuum beschreiben lässt (vgl. »Integration heute – Perspektiven ihrer Weiterentwicklung in Theorie und Praxis«, hrsg. von Georg Feuser, Peter Lang Verlag, Frankfurt am Main 2003; oder Andreas Hinz: »Von der Integration zur Inklusion – terminologisches Spiel oder konzeptionelle Weiterentwicklung? Zeitschrift für Heilpädagogik 53«, S. 354-361, 2002). Auch wenn der Inklusionsbegriff in der Fachdiskussion als aktueller, umfassender und politisch korrekter betrachtet wird, wird hier zum Zwecke eines möglichst niedrigschwelligen Textzugangs der umgangssprachlich gebräuchliche Begriff »Integration« verwendet.

2 Dieses Buch setzt sich für eine Inklusion aller ein, weshalb natürlich stets beide Geschlechter angesprochen sind. Wenn dennoch meist darauf verzichtet wird, die gendergerechte Form (»Einwanderer und Einwanderinnen«, »Migrant/innen«, »SchülerInnen« o.Ä.) zu verwenden, so geschieht dies lediglich zum Zwecke einer Verschlankung des Textes, also einer einfacheren Lesbarkeit.

3 Der Doppelname entstand durch die Fusion zweier benachbarter Schulen in Süd-Tel Aviv, die beide kurz vor der Schließung standen: der Bialik-Grundschule und des Rogozin-Gymnasiums. Als »Namenspatron« der einen Schule diente Chaim Nachman Bialik, einer der größten Dichter hebräischer Sprache, der in Israel als Nationaldichter angesehen wird. Er wurde 1873 in der heutigen Ukraine geboren und wanderte

1924, zehn Jahre vor seinem Tod, nach Palästina aus. Der Namensstifter der anderen Schule war Israel Rogozin, ein Industrieller und Philanthrop, der 1890 als Dreijähriger mit seinem Vater aus Weißrussland nach New York gekommen war. Schon im Alter von 33 beschäftigte er in seinem Unternehmen über 1.000 Mitarbeiter. Bis ins hohe Alter engagierte er sich als Mäzen. Beide Namensgeber waren somit Migranten und haben Erfolgsgeschichten geschrieben: künstlerisch, wirtschaftlich, philanthropisch.

4 Siehe: http://www.strangersnomoremovie.com.

5 Anstelle der in der Fachliteratur gebräuchlichen Termini »Migrant/in« bzw. »Kind mit Migrationshintergrund« verwendet dieses Buch aus zweierlei Gründen bewusst deutsche Begriffe wie »Zuwanderer« oder »Einwandererkind«, auch wenn diese Begrifflichkeiten in wissenschaftlicher Hinsicht eine gewisse Unschärfe mit sich bringen. Zum einen hat der Autor in vielen Gesprächen erfahren, dass die Angesprochenen die (heute auch im Journalismus weit verbreiteten) Fremdworte als pejorativ empfinden. Zum anderen würde eine exakte Differenzierung nach einzelnen Gruppen, wie sie etwa die Definition des Mikrozensus vornimmt, dem zufolge als Migrant/innen alle »nach 1949 auf das heutige Gebiet der Bundesrepublik Deutschland Zugewanderte, sowie alle in Deutschland geborenen Ausländer und alle in Deutschland als Deutsche Geborenen mit zumindest einem zugewanderten oder als Ausländer geborenen Elternteil« zu verstehen sind (Statistisches Bundesamt, »Bevölkerung mit Migrationshintergrund«, 2010), den Kontext dieses Buches überfordern, das auch die hochkomplexe Migrationssituation Israels vergleichend in den Blick nimmt. Die Lebens- und Erfahrungssituationen unterscheiden sich für die Kinder dort nicht nur nach der Frage, ob sie Migranten erster oder zweiter Generation sind und ob sie einen Flucht- oder Arbeitsmigrationshintergrund haben, sondern auch über welchen Aufenthaltsstatus sie verfügen, der (z.B. je nach Geburtsjahrgang oder je nach Möglichkeit, am Militärdienst teilzunehmen) zwischen anerkannter Staatsbürgerschaft und Illegalität changieren kann. Die Geschichten dieses Buches zeigen letztlich, dass Migrationsschicksale sich überhaupt kaum in Gruppen unterteilen

lassen, sondern einzeln betrachtet werden müssen. Das aber gilt – verallgemeinernd und umgangssprachlich gesprochen – für alle »Zuwanderer«, »Einwanderer-« oder »Gastarbeiterkinder«.

6 vgl. die Auflistung Time Out Israel 2015, http://timeout.co.il/en/people

7 http://de.statista.com/statistik/daten/studie/452149/umfrage/asylbewerber-in-deutschland-nach-altersgruppen/; sowie: http://de.statista.com/statistik/daten/studie/452165/umfrage/asylbewerber-in-deutschland-nach-geschlecht-innerhalb-altersgruppen/

8 http://www.sueddeutsche.de/karriere/bundesfreiwilligen dienst-wo-freiwillig-gearbeitet-wird-1.3153159

## 1. Eine Geschichte von Flucht und Hoffnung

1 https://de.wikipedia.org/wiki/Eritrea

2 Germany Trade and Invest, 16.7.2015, https://www.gtai.de/GTAI/Navigation/DE/Trade/Maerkte/suche,t=bergbau boom-bringt-kaum-entwicklungsfortschritte-fuer-eritrea,did=1278706.html

3 »Sudan police hand Eritrean refugees to traffickers to torture«, Dabanga Sudan, 11.2.2014, https://www.dabangasudan.org/en/all-news/article/sudan-police-hand-eritrean-refugees-to-traffickers-to-torture-report

4 Michael Obert, »Im Reich des Todes«, SZ-Magazin 29/2013, http://sz-magazin.sueddeutsche.de/texte/anzeigen/40203/1/1 .

5 Martin Gehlen, »Ermordet, gequält und ausgeweidet. Entführung, Vergewaltigung, Folter und Organraub – auf der Sinai-Halbinsel werden Flüchtlinge aus Afrika seit Jahren zu Opfern schwerer Verbrechen«, DIE ZEIT, 15. Januar 2013, http://www.zeit.de/wissen/gesundheit/2013-01/organraub-beduinen-sinai-aegypten-menschenrechtsausschuss

6 Michael Obert, »Im Reich des Todes«, SZ-Magazin 29/2013. Die Entführungsgeschichte des Flüchtlings, den Obert interviewt hat, geht so zu Ende:
»Selomons Martyrium dauert acht Monate. Dann hat seine Schwester das Lösegeld von 30.000 Dollar tatsächlich bei-

sammen und kann es an den Mittelsmann der Beduinen in Israel überweisen. Inzwischen hat Selomon die Hälfte seines Körpergewichts verloren und wiegt nur noch wenig mehr als vierzig Kilo. Er kann nicht mehr stehen, kaum mehr sprechen. Am 26. Juni 2012 werfen ihn die Beduinen in der Nähe der Grenze bewusstlos in die Wüste. Andere Eritreer, die mit ihm freigelassen werden, schleppen ihn hinüber nach Israel.«

7 Ebd.

8 Ebd. Obert berichtet über den Folterer: »Stattdessen erzählt er gelassen, als spräche er über die Pfirsichernte, wie sie Frauen in Strohzäune einrollten und anzündeten; wie sie ein Baby von der Brust der Mutter rissen, es erwürgten und damit Fußball spielten; wie sie ein Erdloch mit Glut füllten, einen Metallrost darüber legten und ihre Opfer auf die glühenden Stäbe warfen. ›Afrikanisches Barbecue‹, sagt der Mann und nippt an seinem Tee. ›Schwarzes Fleisch.‹«

9 Ebd.

10 Ebd.

11 Martin Gehlen, »Ermordet, gequält und ausgeweidet. Entführung, Vergewaltigung, Folter und Organraub – auf der Sinai-Halbinsel werden Flüchtlinge aus Afrika seit Jahren zu Opfern schwerer Verbrechen«, DIE ZEIT, 15. Januar 2013.

12 Ebd.

13 In einem Interview im März 2016 mit dem Verfasser N.K. betont die Autorin und Moderatorin, dass sie die Polarisierung der Debatte für schädlich hält: »Es stimmt, die meisten Israelis sind entweder rechts oder links. Aber es gibt Menschen, die in der Mitte stehen, die vielleicht religiös sind und weder zur einen noch zur anderen Seite zählen, weil sie eher gemischte Gefühle haben. Man hört immer nur die radikalen Stimmen. Mir scheint es wichtig, dass auch die gemäßigte Position, wie ich sie beispielsweise vertrete, gehört wird.«

14 Von 1922 bis 1948 stand Palästina unter britischem Mandat.

15 Im Interview im März 2016 mit dem Verfasser N.K.: »Zur israelischen Armee zu gehen, ist die Eintrittskarte zu Israel. Weil ich als religiöses Mädchen nicht bei der Armee war, muss ich selbst heute von mir sagen, dass ich mich manchmal nicht vollständig israelisch fühle. Wenn jemand fragt, in welcher

Einheit man war oder gewisse Worte vom Militär verwendet, die ich nicht verstehe, dann zeigt das, dass jemand, obwohl er kein Jude ist, israelischer als ich selbst sein kann.«

16 Vgl. Jack Moore, »Israel yet to approve single asylum request in 2016 as 15.000 wait – The country continues to reject Eritrean and Sudanese applications in the country«, Newsweek 21.7.2016, http://europe.newsweek.com/israel-yet-approve-single-asylum-request-2016-15000-wait-482640?rm=eu

## 2. Schule der Menschlichkeit

1 Über die erfolgreiche Teilnahme des Schulteams wird auf der Seite der Bildungsorganisation »Tovanot Bachinuch« berichtet: »The Girls Team in China«, http://www.tovanotb.org/bialik-rogozin-the-girls-team-in-china/. Auch die israelische Zeitung »Yedioth Achronot« widmete dem Team einen langen Beitrag: הפ לגד, םש לגר, 26.6.2015, http://article.yedioth.co.il/default.aspx?articleid=9594. Die Leichtathletik-Meisterschaften fanden vom 22.-30.8.2015 in Peking statt: https://www.leichtathletik.de/ergebnisse/wettkampf-resultate/wettkampf-resultat/detail/15th-iaaf-world-championships-in-athletics/

2 Siehe auch dieses Porträt von Eli Nechama: https://blueboxisrael.wordpress.com/2015/10/11/bialik-rogozin-school-boat-magazine-tel-aviv-issue/

3 Dass die Ausschließung von Immigrantenkindern bei Sportwettbewerben schon früher stattfand, belegt der Artikel von Simone Wilson, »Rahel Gebretsadik, Fastest Girl in Israel, Barred from World Cross-Country Championships«, in jewishjournal.com, 30.1.2014, http://www.eastafro.com/2014/01/30/rahel-gebretsadik-fastest-girl-in-israel-barred-from-world-cross-country-championships/

4 Einen Besuch von Liz Mohn dokumentiert folgender ntv-Beitrag: http://www.n-tv.de/mediathek/videos/politik/Israelische-Schule-widmet-sich-jungen-Fluechtlingen-article16944556.html

5 Statistische Angaben, die von der Bialik-Rogozin-Schule zur Verfügung gestellt wurden.

6 Siehe: http://www.strangersnomoremovie.com.

7 2011 gründete Karen Tal die Organisation »Tovanot Bachinuch«, deren Ziele sie auf dieser Seite beschreibt: http://www.tovanotb.org/about/.

8 Siehe auch: http://www.n-tv.de/mediathek/videos/politik/Israelische-Schule-widmet-sich-jungen-Fluechtlingen-article16944556.html

9 Vgl. http://www.derwesten.de/staedte/neheim-huesten/ziel-kulturelle-identitaet-der-fluechtlingskinder-erhalten-id11140919.html

10 https://de.wikipedia.org/wiki/Südsudan

11 »Asylum seeker athlete receives Israeli citizenship«, 18-year-old Ramzey Abdul Jabar, in i24news, 6.3.2015, http://www.i24news.tv/en/news/sport/73539-150603-asylum-seeker-athlete-recieves-israeli-citizenship

## 3. Selbstfindung zwischen Krieg und Frieden

1 https://de.wikipedia.org/wiki/Liberianischer_Bürgerkrieg

2 http://ups-schulen.de/wir-ueber-uns/

3 http://www.unesco-schule-essen.de/index.php/information/unesco-projektarbeit

4 https://www.essen.de/meldungen/pressemeldung_1005657.de.htm

## 4. Eine Welt im Wandel

1 Mehr zu Ram Orion: https://he.wikipedia.org/wiki/רם_אוריון, und zur Band »Nosei Hamigbaat«: http://noseihamigbaat.com.

2 https://de.wikipedia.org/wiki/Alija

3 Andrea Livnat, »111 Orte in Tel Aviv, die man gesehen haben muss«, mit Fotos von Angelika Baumgartner, Emons Verlag, Köln 2016

4 http://en.shuktlv.co.il/category/levinsky-market http://www.telavivguide.net/Attractions/Markets/Levinsky_Market_20051127216/ http://www.telegraph.co.uk/travel/destinations/middle-east/israel/tel-aviv/articles/a-weekend-break-in-tel-aviv-israel/

5 Andrea Livnat, »111 Orte in Tel Aviv, die man gesehen haben muss«, mit Fotos von Angelika Baumgartner, Emons Verlag, Köln 2016

6 https://en.wikipedia.org/wiki/Florentin,_Tel_Aviv

7 Andrea Livnat, »111 Orte in Tel Aviv, die man gesehen haben muss«, mit Fotos von Angelika Baumgartner, Emons Verlag, Köln 2016

8 http://www.hagalil.com/israel/deutschland/witz.htm

9 https://en.wikipedia.org/wiki/Tel_Aviv_Central_Bus_Station

10 Agnes Fazekas, »Ein graues Wunder«, DIE ZEIT Nr. 12/2015, 19. März 2015

11 Dabby Adeno Abebe, »The dark side of Tel Aviv – Special: Journalist poses as African infiltrator, spends week in Tel Aviv's most volatile neighborhood«, in Ynetnews am 6.7.12, siehe http://www.ynetnews.com/articles/0,7340,L-4239481,00.html

12 http://www.haaretz.com/israel-news/travel/tourist-tip-of-the-day/tourist-tip-199-the-underbelly-of-tel-aviv-neve--sha-anan-street.premium-1.512253

13 https://de.wikipedia.org/wiki/Miri_Regev

## 5. Die schönen Gesichter von Israel

1 de.wikipedia.org/Terroranschlag_in_Tel_Aviv_am_8._Juni_2016

2 Pierre Heumann, »Der Vorzeige-Kapitalist«, in Handelsblatt, 2.6.2009, http://www.handelsblatt.com/unternehmen/management/yossi-vardi-der-vorzeige-kapitalist/3189210.html; siehe auch: https://de.wikipedia.org/wiki/Yossi_Vardi

## 6. Dramen zwischen Asyl und Ausweisung

1 Reinhard Marx, »Gutachten zu Einstufung von Albanien und Montenegro als sichere Herkunftslaender«, https://www.proasyl.de/wp-content/uploads/2015/09/PRO_ASYL_Gutachten_zu_Einstufung_von_Albanien_und_Montenegro_als_sichere_Herkunftslaender_Juni_2014.pdf.

Und: Alexandra Geisler: »Ethnie als Ware: Menschenhandel zum Zweck der sexuellen Ausbeutung mit Frauen der Ethnie Roma«, Tectum Verlag Marburg 2015

2 http://www.bamf.de/DE/Fluechtlingsschutz/AblaufAsylverfahren/Schutzformen/Asylberechtigung/asylberechtigung-node.html

3 https://de.wikipedia.org/wiki/Subsidiär_Schutzberechtigter

4 Stefan Braun, Evelyn Roll: »Merkel: Deutschland wird Deutschland bleiben – Bundeskanzlerin im SZ-Interview«, Süddeutsche Zeitung, 30.8.2016, http://www.sueddeutsche.de/politik/kanzlerin-merkel-im-sz-interview-deutschland-wird-deutschland-bleiben-1.3141520; siehe auch: Rita Lauter, »Deutschland wird Deutschland bleiben«, DIE ZEIT, 7.9.2016, http://www.zeit.de/politik/deutschland/2016-09/angela-merkel-generaldebatte-bundestag-haushalt

5 Mahin Mousapour im Gespräch mit Marietta Schwarz, »Konvertiten droht Todesstrafe im Iran – Iranische Pastorin über christlich-muslimische Religionskonflikte«, Deutschlandradio, 29.02.2012, http://www.deutschlandradiokultur.de/konvertiten-droht-todesstrafe-im-iran.1008.de.html?dram:article_id=164610

6 Gerd Niewerth, Martin Spletterm: »Essens Oberbürgermeister Thomas Kufen hat geheiratet«, Der Westen, 6.12.2015, http://www.derwesten.de/staedte/essen/essens-oberbuergermeister-kufen-hat-geheiratet-id11356093.html

7 NDR 1 Nachrichten: »Asylstatus von Syrern: Richter weisen Klage ab«, 23.11.2016, https://www.ndr.de/nachrichten/schleswig-holstein/Asylstatus-von-Syrern-Richter-weisen-Klage-ab,ovg132.html

8 https://de.wikipedia.org/wiki/German_Angst

9 In einer Mail, die Ruth Spiegel nach der Niederschrift dieses Kapitels schickt, schildert sie, wie sie die Ausweisung erlebt hat: »Wir sind in den Sommerferien fast täglich zwischen Ausländerbehörde, Rückkehrberatung und Sozialamt herumgependelt, um Dokumente von A nach B zu transportieren. Ständig fehlte irgendetwas. Für Demçes war dies sehr belastend. Es wird einem nicht gerade leicht gemacht, legal auszureisen. Ich habe natürlich finanziell unterstützt, auch das war schwer, denn sie wollten nichts annehmen und mussten es

doch. (...) Demçes wollten mit dem Bus nach Albanien reisen, da man dann zwei Koffer pro Person mitnehmen darf. Allerdings sollte ein Gepäckstück maximal 15 kg wiegen – jeder der 6 Koffer wog mindestens 50 kg! (...) Demçes waren seit 08.00 Uhr am Bahnhof, weil sie ja die in Etappen ankommenden Koffer annehmen mussten. Ich bin gegen 09.00 Uhr dort gewesen. Da standen sie dort: drei übernächtigte, ängstliche Menschen und 6 Koffer mit 2 Jahren Deutschland – alles, was sie mitnehmen dürfen. Megi und Valbona haben Angst: sie sind in ihrem Leben erst einmal gereist, das war die Flucht aus Albanien. (...) Wir warten bis 14.00 Uhr. Megi schläft fast im Stehen ein. Wir gehen noch Kaffee trinken (...) Wir warten und frieren; ausgerechnet heute ist es kalt. Und dann geht alles viel zu schnell: Plötzlich ist der Bus da, die Koffer werden verstaut, wir umarmen uns, sie weinen, sie winken und sind fort. Ich hätte das so gern verhindert und komme mir vor wie ein Verräter, der diese Deportation unterstützt hat. Megi schreibt von unterwegs, wenn sie Internet hat. Am nächsten Abend ruft sie mich aus Bari an, bevor sie auf die Fähre müssen. Sie genießt den Sonnenuntergang, ist etwas aufgeregt, die Eltern grüßen. Sie beendet das Gespräch mit: ›Frau Spiegel, ich hab dich lieb.‹ Das ist schrecklich für mich, das habe ich nicht gewollt.«

## 7. Reise in die israelische Seele

1 Ein frühes Konzeptpapier von Eli Nechama mit statistischen Angaben zur Entwicklung von 2005 bis 2011 findet sich hier: bertelsmann-stiftung.de/fileadmin/files/user_upload/Darstellung_Rogozin_School.pdf)

2 https://de.wikipedia.org/wiki/Vernichtungslager_Sobibor

3 https://de.wikipedia.org/wiki/Hella_Felenbaum-Weiss

4 https://de.wikipedia.org/wiki/Aufstand_von_Sobibór

5 https://de.wikipedia.org/wiki/Liste_von_Überlebenden_des_Vernichtungslagers_Sobibor

6 http://www.theverylongview.com/WATH/testimonies/lublin.html

7 https://www.sobiborinterviews.nl/en/interviewees/2-profielen/16-hella-weiss

8 https://www.sobiborinterviews.nl/en/search-interviews?miview=ff&mizig=317&miaet=14&micode=804b&minr=1412787

## 8. Das Ende des Schuldgefühls

1 Das Zitat wurde zur besseren Lesbarkeit etwas verkürzt. Das Arbeitsblatt zitiert unter der Quellenangabe Adolf Hitler, »Mein Kampf«, Franz Eher Nachfolger, München 1942, S. 378, wie folgt: »Die geschichtliche Entwicklung bietet hierfür zahllose Belege. Sie zeigt in erschreckender Deutlichkeit, dass bei jeder Blutsvermengung des Ariers mit niedrigeren Völkern als Ergebnis das Ende des Kulturträgers herauskam. [...] Den gewaltigsten Gegensatz zum Arier bildet der Jude.«

2 Das Zitat in voller Länge: »Hätte man zu Kriegsbeginn und während des Krieges einmal zwölf- oder fünfzehntausend dieser hebräischen Volksverderber so unter Giftgas gehalten, wie Hunderttausende unserer allerbesten deutschen Arbeiter aus allen Schichten und Berufen es im Felde erdulden mussten, dann wäre das Millionenopfer der Front nicht vergeblich gewesen. Im Gegenteil. Zwölftausend Schurken, zur rechten Zeit beseitigt, hätten vielleicht einer Million ordentlicher, für die Zukunft wertvoller Deutscher das Leben gerettet.«

3 »Sind Muslime die neuen Juden?« Diese Frage diskutiert Ármin Langer in seinem Buch »Ein Jude in Neukölln«, Aufbau Verlag, Berlin 2016. Der Philosoph und Ex-Rabbiner-Student stellt dabei viele Parallelen (aber auch Differenzen) bei den rassistischen Denkstrukturen fest, auf denen Antisemitismus und Antiislamismus basieren.

4 Oliver Das Gupta, »AfD-Abgeordneter schmäht Flüchtlinge als »widerliches Gewürm – Kay Nerstheimer hat in Berlin ein Direktmandat gewonnen. Vorher hat er auf Facebook menschenverachtende Aussagen verbreitet und die NS-Zeit verherrlicht«, Süddeutsche Zeitung, 20.9.2016, http://www.sueddeutsche.de/politik/wahl-in-berlin-afd-abgeordneter-schmaeht-fluechtlinge-als-widerliches-gewuerm-1.3170025

5 Aus Adornos Rundfunktext »Erziehung nach Auschwitz« von 1966, den DIE ZEIT am 1.1.1993 nachdruckte: http://www.zeit.de/1993/01/erziehung-nach-auschwitz/

komplettansicht. Adorno beginnt den Text mit den Worten: »Die Forderung, dass Auschwitz nicht noch einmal sei, ist die allererste an Erziehung.« Siehe hierzu auch den Beitrag von Micha Brumlik für die Bundeszentrale für Politische Bildung »Dass Auschwitz sich nie wiederhole«, http://www.bpb.de/politik/extremismus/rechtsextremismus/41277/dass-auschwitz-sich-nie-wiederhole-?p=all

6 Im Interview von Burkhard Ewert und Franziska Kückmann, »70 Jahre nach Auschwitz: Zentralrat der Juden: Holocaust-Gedenken hat sich gewandelt«, Osnabrücker Zeitung, 26.1.2015, http://www.noz.de/deutschland-welt/politik/artikel/541105/zentralrat-der-juden-holocaust-gedenken-hat-sich-gewandelt#gallery&0&0&541105

7 Marie Rövekamp, »Sollten muslimische Schüler ein KZ besuchen?«, Der Tagesspiegel, 2.6.2015, http://www.tagesspiegel.de/politik/debatte-um-erinnerungskultur-sollten-muslimische-schueler-ein-kz-besuchen/11857314.html. Der Artikel umschreibt Steiners Argumentation relativierend wie folgt: »An diesen Schulformen solle der Besuch lediglich eine Empfehlung sein. Keine Pflicht.«

8 Ebd.

## 9. Aufbruch in die Unabhängigkeit

1 Gili Cohen and Barak Ravid, »IDF Deputy Chief Likens ›Revolting Trends‹ in Israeli Society to pre-Holocaust Germany – ›On Holocaust Remembrance Day, we ought to discuss our ability to uproot the seeds of intolerance, violence, self-destruction and moral deterioration‹, says Maj. Gen. Yair Golan, in »Ha'aretz«, 4.5.2016, http://www.haaretz.com/israel-news/1.717948

2 »Israels Verteidigungsminister gibt sein Amt auf – Streit in Israels Regierungspartei Likud: Verteidigungsminister Mosche Jaalon beklagt, ihm fehle das Vertrauen von Regierungschef Netanyahu – und tritt zurück«, Spiegel online, 20.5.2016, http://www.spiegel.de/politik/ausland/israel-verteidigungs minister-mosche-jaalon-tritt-zurueck-a-1093231.html

3 Gili Cohen, »Lieberman Orders to Cancel Soldiers' Volunteering With Children of Asylum Seekers in Israel – Defense

minister says soldiers should engage in activities within the realm of public consensus, ›especially when in this case it involves activities with a population that isn't residing here lawfully.‹«, in Ha'aretz, 14.8.2016, http://www.haaretz.com/israel-news/.premium-1.736801

4 Yossi Yehoshua, »Lieberman orders halt of IDF volunteer work with illegal migrants – Residents of south Tel Aviv managed to convince top brass to order the military to cease all volunteer activities with children of foreign workers and asylum seekers; ›When I saw the soldiers playing with these children, I felt betrayed‹, says one resident«, in Ynet, 14.8.2016, http://www.ynetnews.com/articles/0,7340,L-4841203,00.html

5 Das Statement im Wortlaut, wie es auf dem Facebook-Account von Eli Nechama lanciert wurde: »The decision by [Defense Minister] Lieberman and deputy minister [Ben Dahan] to forbid IDF soldiers from volunteering with children of foreign workers, refugees, and asylum seekers has forced me to interrupt my self-imposed Facebook ›summer-vacation silence‹ to remind them that wars are not fought on the backs of children and that we are all the children of Life. – 100 % of the school's eligible graduates enlist in the IDF – many of them in elite units. We even have an officer in the making. They have taken part in Gadna youth preparatory military program and Holocaust Remembrance missions to Poland and volunteered to serve Holocaust survivors at Cafe Europa. They do not deserve to be punished! – Let the IDF win and let its soldiers continue to volunteer and display their values, egalitarianism, and ethics.«

6 Beat Balzli, Matthias Kamann, »Petry will den Begriff ›völkisch‹ positiv besetzen«, Die Welt, 11.9.2016, https://www.welt.de/politik/deutschland/article158049092/Petry-will-den-Begriff-voelkisch-positiv-besetzen.html, sowie: Kai Biermann, »›Völkisch‹ ist nicht irgendein Adjektiv – Der Begriff völkisch bedeutet deutsch und steht für die Ausgrenzung von jedem, der nicht hier geboren wurde. Wer ihn nutzt, will faschistische Gedanken hoffähig machen«, DIE ZEIT, 11.9.2016, http://www.zeit.de/kultur/2016-09/frauke-petry-afd-voelkisch-volk-begriff-geschichte

## Schluss

1 »Wir vergessen nicht, wir gehen tanzen« ist der Titel eines Buches von Norbert Kron und Amichai Shalev, der 2015 zu einer Art Slogan für das heutige Verhältnis von Israelis und Deutschen wurde. Außenminister Frank-Walter Steinmeier nannte ihn bei der offiziellen Jubiläumsfeier zu »50 Jahre diplomatische Beziehungen« eine »tolle Formel«. Der israelische Botschafter Yakov Hadas-Handelsman bezeichnete ihn bei der Eröffnung des Leipziger Opernballs, der im Zeichen von Deutschland-Israel stand, als das »inoffizielle Motto«: »Wir vergessen nicht, wir gehen tanzen«, so zitiert ihn die Jüdische Allgemeine, sei »eine gute Zusammenfassung des komplizierten Verhältnisses zwischen Deutschen und Juden«.
In der Anthologie erzählen 19 israelische und deutsche Autoren über das andere Land. Zu dem Buch fanden zahlreiche Symposien und Diskussionen statt, u.a. in Tel Aviv, Berlin, Jerusalem, Leipzig und Haifa, die vom Auswärtigen Amt, von der Bundeszentrale für Politische Bildung und vom Goethe-Institut Tel Aviv unterstützt wurden. Auf der Grundidee des Buches soll ab Mitte 2017 eine Projektreihe vom Koordinierungszentrum Deutsch-Israelischer Jugendaustausch »ConAct« initiiert werden, bei der junge israelische und deutsche Besucher ihre Erlebnisse im anderen Land aufschreiben und bei einem Geschichtenwettbewerb präsentieren können.

Für alle Lebensliebhaber bietet das Gütersloher Verlagshaus Durchblick, Sinn und Zuversicht. Wir verbinden die Freude am Leben mit der Vision einer neuen Welt.

UNSERE VISION EINER NEUEN WELT

**Die Welt, in der wir leben, verstehen.**

**Wir sehen Menschlichkeit als Basis des Miteinanders:**
Mitgefühl, Fürsorge und Beteiligung lassen niemanden verloren gehen. Wir stehen für gelingende Gemeinschaft statt individueller Glücksmaximierung auf Kosten anderer.

**Wir leben in einer neugierigen Welt:**
Sie sucht ehrgeizig und mitfühlend Lösungen für die Fragen unseres Lebens und unserer Zukunft. Wir fragen nach neuem Wissen und drücken uns nicht vor unbequemen Wahrheiten – auch wenn sie uns etwas kosten.

**Wir leben in einer Gesellschaft der offenen Arme:**
Toleranz und Vielfalt bereichern unser Leben. Wir wissen, wer wir sind und wofür wir stehen. Deshalb haben wir keine Angst vor unterschiedlichen Weltanschauungen.

**Das Warum und Wofür unseres Lebens finden.**

**Wir helfen einander, uns selber besser zu verstehen:**
Viele Menschen werden sich erst dann in ihrem Leben zuhause fühlen, wenn sie den eigenen Wesenskern entdecken – und Sinn in ihrem Leben finden.

**Wir ermutigen Menschen, zu ihrer Lebensgeschichte zu stehen:**
In den Stürmen des Alltags geben wir Halt und Orientierung. So können sich Menschen mit ihren Grenzen aussöhnen und zuversichtlich ihr Leben gestalten.

**Wir haben den Mut, Vertrautes hinter uns zu lassen:**
Neugierde ist die Triebfeder eines gelingenden Lebens. Wir wagen Neues, um reich an Erfahrung zu werden.

**Erfahren, was uns im Leben trägt und erfreut.**

**Wir glauben an die Vision des Christentums:**
Die Seligpreisungen der Bergpredigt lassen uns nach einer neuen Welt streben, in der Vereinsamte Zuwendung, Vertriebene Zuflucht, Trauernde Trost finden – und Gerechtigkeit, Barmherzigkeit und Frieden herrschen.

**Wir geben Menschen die Möglichkeit, den Glauben (neu) zu entdecken:**
Persönliche Spiritualität gibt Kraft, spendet Trost und fördert die Achtung vor der Schöpfung sowie die Freude am Leben.

**Wir stehen mit Respekt vor der Glaubenserfahrung anderer:**
Wissen fördert Dialog und Verständnis, schützt vor Fundamentalismus und Hass. Wir wollen die Schätze anderer Religionen kennenlernen, verstehen und respektieren.

Bibliografische Information der Deutschen Nationalbibliothek
Die Deutsche Nationalbibliothek verzeichnet diese Publikation in der Deutschen Nationalbibliografie; detaillierte bibliografische Daten sind im Internet über https://portal.dnb.de abrufbar.

Dieses Projekt wurde gefördert durch die Bertelsmann Stiftung.

BertelsmannStiftung



FSC www.fsc.org MIX Papier aus verantwortungsvollen Quellen FSC® C014496 Verlagsgruppe Random House FSC® N001967

1. Auflage


Umschlaggestaltung: Gute Botschafter GmbH, Haltern am See
Umschlagmotive: Mädchen © Gagliardilmages/Shutterstock.com; Tafel © ivosar/Shutterstock.com; Globus © Chinnapong/Shutterstock.com
Druck und Bindung: GGP Media GmbH, Pößneck
Printed in Germany
ISBN 978-3-579-08673-6

www.gtvh.de